뮤직비디오로 배우는
파이널 컷 프로

지은이 류영미
한국폴리텍대학 인천캠퍼스 디지털방송과 교수

대학에서 영상편집을 가르치고 있다. 컴퓨터 없는 세상에서 태어나 컴퓨터 앞에서 하루의 대부분을 보내는 삶을 살고 있다. 영화가 좋아 동시 상영관에서 영화 두 편을 보면서 즐거워했던 청춘을 보내고, 지금은 영상편집을 가르치고 있다. 좋아하는 일을 직업으로 발전시킨 것 같지만 영화를 보는 일과 영상편집은 많이 다름을 뼈저리게 느끼고 있다.

대학에서 학생 가르치는 일을 행복해하면서도 한편으로는 자연으로 돌아가고 싶어 몸살이 난다. 20년 동안 영상편집을 가르쳐 왔지만 지금도 만년 학생으로 매일 새로운 지식과 기술을 공부하느라 분주하다. 미래를 준비하는 청춘들과 이 책을 함께 나누고 싶다. 지은 책으로 《Final Cut Pro X를 활용한 영상편집 테크닉》이 있다.

**뮤직비디오로 배우는
파이널 컷 프로**

초판 인쇄일 2021년 10월 20일
초판 발행일 2021년 10월 28일

지은이 류 영 미

펴낸이 김찬희
펴낸곳 행복한책
출판등록번호 25100-2017-000033
주소 서울시 구로구 연동로11길 9, 202호
전화 (02)335-6936
팩스 (02)335-0550
ISBN 979-11-966747-2-4 13000

값 22,000원

* 이 책은 저작권법에 의해 보호를 받는 저작물이므로 무단 전재와 복제를 금합니다.

뮤직비디오로 배우는
파이널 컷 프로

류영미 지음

행복한책

머리말

대학에서 학생들에게 영상편집을 가르치다 보면 다양한 교재를 접하게 된다. 시중에 영상편집에 관한 교재들이 많이 출판되어 있다. 하지만 영상편집을 예제 중심으로 설명하는 책은 많지 않다. 있다 하더라도 출간된 지 오래되어 사용된 프로그램의 버전이 낮다든지, 예제 샘플의 해상도가 낮은 경우가 많다. 그나마 대부분 프리미어에 관한 책들이고 파이널 컷 프로에 관한 책은 소수에 불과하다.

이 책은 뮤직비디오 예제를 중심으로 파이널 컷 프로를 배울 수 있도록 기획하였다. 영상편집을 쉽고 재미있게 배울 수 있는 방법은 무엇인지 고민하다가 다양한 영상편집 효과를 접할 수 있는 뮤직비디오를 분석하고 따라 만들면 영상편집을 즐겁게 할 수 있을 것으로 생각해서 집필하게 되었다.

뮤직비디오는 음악을 홍보하기 위한 마케팅 목적으로 만들었으나, 화려하고 아름다운 영상으로 대중들에게 인기를 얻고 있다. 역동적인 이미지, 빠르고 짧은 컷, 단절된 이미지의 나열 등 뮤직비디오 영상의 특징은 영상편집을 배우기에 효과적이다. 가능한 한 최근 인기를 얻고 있는 뮤직비디오를 대상으로 하여 적용된 편집 효과를 분석하고 파이널 컷 프로에서 편집해 보았다.

파이널 컷 프로는 영상편집에 최적화된 프로그램이다. 파이널 컷 프로를 사용하면 빠르고 쉽게 영상 컷 편집을 할 수 있다. 컷 편집이 끝나면 색 보정, 음향 편집, 효과 편집, 타이틀 제작 등 후반작업이 진행된다. 각 과정마다 가장 효과적인 프로그램이 있을 것이다. 특히 영상 특수 효과는 모션 그래픽이나 시네마 4D 같은 전문적인 프로그램 사용이 요구된다. 이 책에서는 모션 그래픽과 같은 모션 전문 프로그램에서 더욱 손쉽게 만들 수 있는 영상 효과도 다루고 있다. 전문화된 다른 프로그램에서 편리하게 작업할 수 있지만, 파이널 컷 프로만 사용하는 이용자들을 위해서 파이널 컷 프로에서 편집 가능한 방법을 설명하려고 했다.

또한 가능한 한 템플릿을 사용하지 않으려 노력했다. 부분적으로 템플릿 사용 방법을 설명한 부분도 있다. 하지만 파이널 컷 프로의 기본 툴을 활용하여 효과 편집을 할 수 있는 방법을 모색해보려 했다. 템플릿을 사용하면 쉽게 원하는 효과를 만들어낼 수 있다. 하지만 좀 더 복잡하고 긴 과정이라 해도 파이널 컷 프로를 이용하여 같은 결과를 만들면 파이널 컷 프로의 기능을 더 잘 이해하고 활용할 수 있을 것이라 생각했다. 영상편집에 쉽고 편리한 방법은 많지만 쉬운 방법만을 추구하다 보면 영상 표현에 대해 새로운 기획을 하고 아이디어를 구체화하기 어려울 수 있다. 파이널 컷의 기본 기능을 충분히 활용할 수 있는 실력을 갖추고 더욱 효율적인 작업을 하기 위해 템플릿을 활용하기 바란다.

영상편집은 새로운 아이디어를 영상으로 실현하는 과정이다. 복잡한 과정을 이해하면 다양한 시도를 통해 원하는 결과를 얻을 수 있다. 한 가지 효과가 항상 같은 결과를 나타내는 것은 아니다. 어떤 작업을 먼저 했느냐에 따라 편집 과정 속에서 다른 효과에 영향을 받으며 결과에서 다른 형태로 표현되기도 한다. 편집자는 영상의 결과보다는 과정을 분석하고 논리화해야 한다.

빠르게 변화하는 콘텐츠 환경 속에서 영상편집도 시기별로 유행하는 스타일이 나타난다. 특히 뮤직비디오는 영상 스타일을 창조하고 유행에 앞서는 역할을 한다. 드라마나 영화에서는 스토리 전달이 중점이 된 편집을 진행하지만, 뮤직비디오는 첨단 영상 기법이 시도되는 장르이기 때문이다. 뮤직비디오를 분석하고 파이널 컷으로 만들어보는 과정을 통해 영상편집의 재미를 한껏 느껴보길 바란다.

2021년 가을
관악산 아래에서 저자

Contents

머리말 ▸▸ 4

1. 비(Rain) - 깡(Gang)

1) 뮤직비디오 영상 분석 ▸▸ 9
2) 손으로 쓰는 듯한 타이틀 ▸▸ 12
3) 텍스트와 영상의 합성 ▸▸ 21
4) 글자 한 자씩 빠르게 나타나게 하기 ▸▸ 31
5) 두 영상을 짧게 교차 편집하기 ▸▸ 36

2. 잇지(Itzy) - 달라달라(Dalla Dalla)

1) 뮤직비디오 영상 분석 ▸▸ 39
2) 영상 좌우 반전하고 화면 분할하기 ▸▸ 42
3) 특정 컬러만 여러 가지 컬러로 바꾸기 ▸▸ 49
4) 배경 속도만 빠르게 만들기 ▸▸ 61

3. 선미(Sunmi) - 꼬리(Tail)

1) 뮤직비디오 영상 분석 ▸▸ 71
2) 특정 컬러만 살리기 ▸▸ 75
3) 거울 속에 동일 인물 나타나게 하기 ▸▸ 81
4) 동일 인물 여러 명이 그네 타기 ▸▸ 86
5) 영상 속도 조절하기 ▸▸ 91

4. 아이유(IU) - 셀러브리티(Celebrity)

1) 뮤직비디오 영상 분석 ▸▸ 97
2) 텍스트가 한 자씩 나타나게 하기 ▸▸ 101
3) 창밖 야경 속 빌딩의 불이 차례로 꺼지는 효과 ▸▸ 104
4) 뽀샤시 효과 ▸▸ 113

5. J-hope - 치킨 누들 수프(Chicken noodle soup)

1) 뮤직비디오 영상 분석 ▸▸ 117
2) 타이틀 안에서 영상 전환 ▸▸ 122
3) 택시가 지나가며 텍스트 나타나게 하기 ▸▸ 129

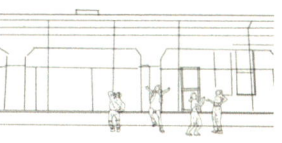

6. 싹쓰리(Ssak3) - 다시 여름 바닷가(Beach Again)

1) 뮤직비디오 영상 분석 ▸▸ 135
2) 복고풍 영상 만들기 ▸▸ 137
3) 피부 보정 효과 ▸▸ 147

◆ 무료 영상 다운로드하는 곳 ▸▸ 152
◆ 참고 문헌 및 웹사이트 ▸▸ 153

1. 비(Rain) - 깡(Gang)

1) 뮤직비디오 영상 분석

비의 "깡" 뮤직비디오는 현란한 영상 효과보다는 텍스트를 중심으로 한 효과가 두드러지는 뮤직비디오이다. 텍스트 효과를 중심으로 영상을 분석해보자.

(1) 손으로 쓰는 듯한 타이틀
뮤직비디오가 시작되고 10초 후 제목 "깡"이 손으로 직접 화면에 쓰는 것처럼 나타난다.

(2) 텍스트와 영상의 합성
뮤직비디오 0:34 초부터 Hundred Dalla Bill 텍스트가 뒤 영상이 반투명하게 비치며 나타난다. 뒤 영상은 흑백이고 앞에 글자가 컬러로 나타난다. 텍스트가 뒤 영상과 합성이 되어 뒤의 이미지가 반투명하게 비친다.

(3) 글자 한 자씩 빠르게 나타나기

뮤직비디오 2:29 초에 RAIN EFFECT 글자가 한 자씩 중앙에 나타난다.

(4) 두 영상을 짧게 교차 편집하기

1:38초에 약 1초 동안 두 개의 영상이 빠르게 번갈아가며 나타나다가 장면 전환이 이루어진다. 음악에 맞춰 영상의 리듬감을 살리고 다음 장면으로 자연스럽게 전환이 이루어진다.

2) 손으로 쓰는 듯한 타이틀

비의 "깡" 뮤직비디오가 시작되면 10초 후에 타이틀이 나타난다. 타이틀 "깡"은 손으로 화면에 쓰는 것처럼 글자 한 획씩 순서대로 나타난다. 손으로 쓰는 것 같은 텍스트를 만들어보자.

작업할 라이브러리에 File〉 New〉 Event를 클릭해 "gang" Event를 만든다. "gang" Event에 File〉 New〉 Project를 클릭하고 Project Name "gang"을 입력하고 OK를 누른다. 무료 다운로드 사이트에서 영상을 다운로드하여 임포트한다(예제로 사용된 파일은 Pixabay.com에서 Dance-44070.MP4를 다운받아 사용하였다. 파일 해상도는 Full HD 1920*1080을 선택한다. 이 교재에서 사용하는 동영상의 파일 해상도이다). Dance 클립을 스토리라인에 배치한다. 10초 길이로 앞뒤를 줄여준다.

Dance 클립의 채도와 노출을 조금 낮추어주자(배경 영상이 어두워야 텍스트 효과가 강조된다. 예제 파일의 채도와 노출이 높기 때문에 노출과 채도를 낮춰주는 것이 좋다). Color Inspectors〉 Color Board를 클릭하여 Color Board1을 만든다. Color Board1의 Saturation의 Midtones를 아래로 드래그하고, Exposure의 Highlights를 아래로 드래그하여 화면의 채도와 노출을 낮춰준다(깡 뮤직비디오 화면과 비슷하게 채도와 노출을 낮추어주면 된다).

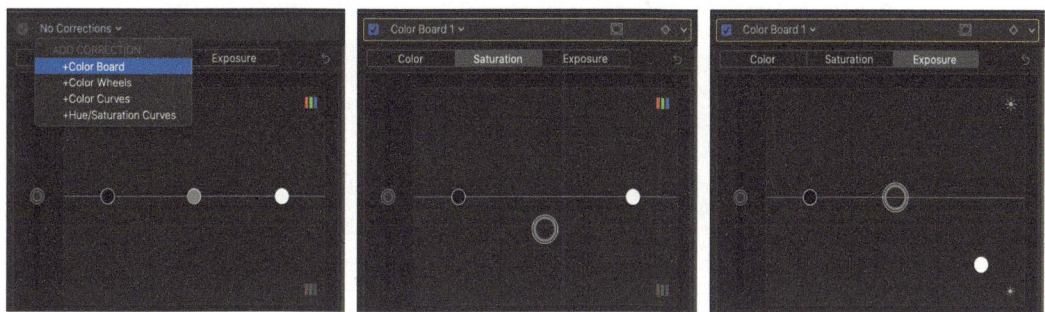

타임라인에 텍스트를 삽입해보자. Title〉Build In/Out〉Custom을 드래그해서 두 번째 스토리라인 1초 지점에 놓고 길이를 6초로 조절한다.

Custom을 선택하고 Text Inspector에서 Text: 깡, Font: 나눔손글씨 붓, Size: 600으로 입력하고 텍스트가 영상의 중앙에 위치하도록 조절한다.

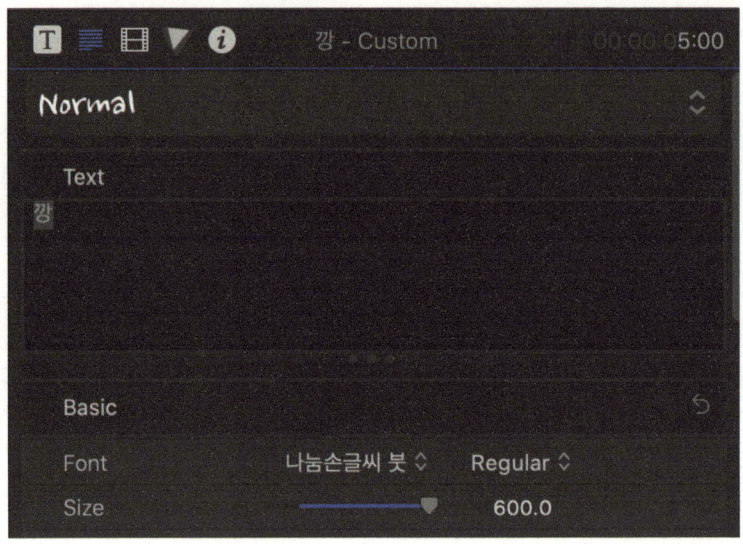

Video Inspector > Opacity: 50%로 입력하고 텍스트의 투명도를 변경한다.

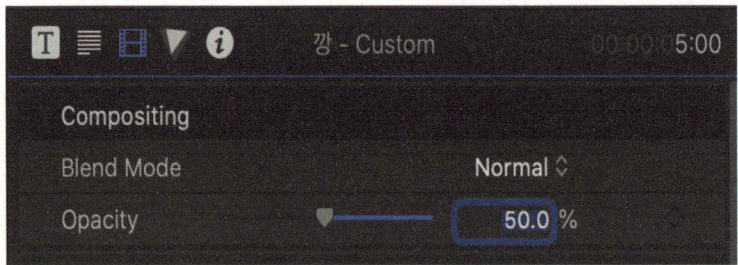

Draw Mask 작업을 쉽게 하려면 option을 누르고 "깡"을 위의 스토리라인으로 드래그해서 같은 위치에 복사한다. 새로 복사한 클립의 이름을 깡2로 바꾼다.

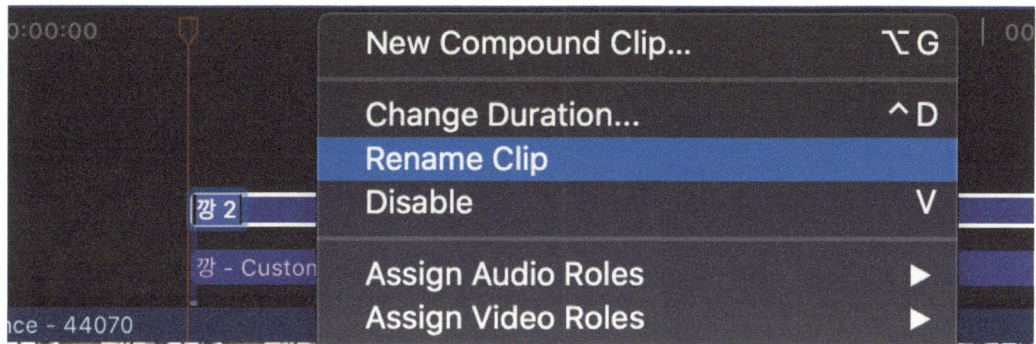

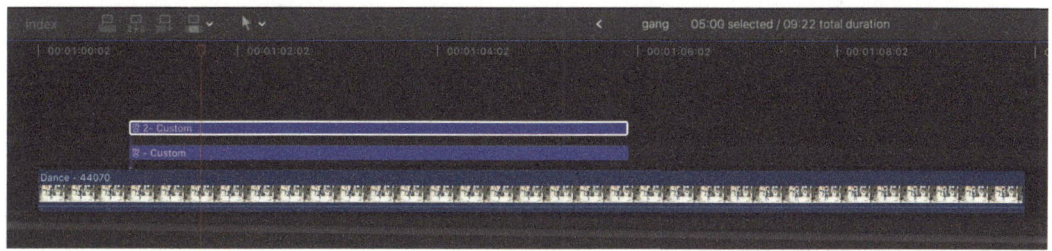

두 번째 스토리라인에 있는 "깡-Custom"을 선택하고 플레이헤드를 1초, 텍스트의 맨 앞부분에 놓고 Effects〉Masks〉Draw Mask를 깡-Custom에 적용해준다. Viewer 창의 오른쪽 위 끝의 보기 비율을 150%로 조절하여 "깡"이 크게 보이게 한다.

마우스를 Viewer 창으로 가져가면 마우스 포인트가 펜툴로 바뀐다. "깡" 글자 옆을 클릭하여 다각형을 만들어 준다(마지막 포인트는 반드시 시작 포인트를 클릭하여 도형이 닫히게 만들어야 한다). Draw Mask 펜툴로 텍스트 옆에 다각형을 만들면 "깡" 클립의 글자는 안 보이고 다각형만 남게 된다. Viewer 창에 보이는 것은 깡2 클립의 텍스트이다.

 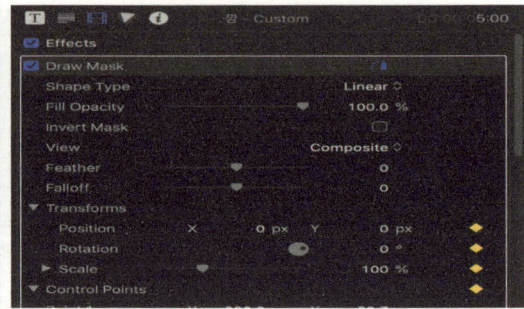

플레이헤드가 "깡" 클립의 맨 앞에 있는 상태에서 Video Inspector〉 Draw Mask의 Transform, Scale, Control Point 오른쪽의 키프레임을 클릭해 키프레임을 준다. 키보드의 오른쪽 화살표를 세 번 눌러 플레이헤드를 3프레임 오른쪽으로 이동시킨다. Control Point를 이동하여 ㄲ의 앞 부분 ㄱ만 다각형 안에 들어가게 한다. 다시 키보드의 오른쪽 화살표를 세 번 눌러 플레이헤드를 3프레임 오른쪽으로 이동시킨다. Draw Mask로 만들어진 Control Point를 선택하고 드래그하여 ㄲ이 다각형 안에 들어가게 한다(Control Point를 이동시키고자 할 때 Control Point가 선택되지 않고 "깡" 텍스트가 선택되어 이동한다. 작업의 편리성을 위해 두 번째 스토리라인의 "깡" 텍스트 상자를 오른쪽으로 옮겨놓고 작업하면 쉽게 작업할 수 있다, Viewer 창에는 세 번째 스토리라인의 "깡" 텍스트가 보인다).

계속해서 3프레임씩 오른쪽으로 이동하며 다각형의 Control Point를 이동하여 글자의 부분들이 순서대로 다각형 안에 들어가게 한다(ㄱ, ㄲ, ㅏ, ㅇ 순서로). 마지막에 깡의 ㅇ이 다각형 안으로 들어가게 키프레임을 이동하면 된다. 자연스럽게 손으로 쓰는 것처럼 마스크가 설정되었는지 확인한다. 다시 두 번째 스토리라인의 "깡" 텍스트 상자를 이동하여 세 번째 스토리라인의 깡 텍스트와 일치하도록 중앙에 배치한다.

작업이 완성되었으면 세 번째 스토리라인의 "깡2" 클립을 삭제한다. 영상을 플레이해보면 글씨가 쓰이는 것처럼 나타난다. 비의 뮤직비디오는 "깡" 글자를 1-2프레임 단위로 이동하며 Draw Mask의 Control Point를 조절하여 섬세하게 작업하였다. 1프레임씩 이동하며 Control Point를 자음과 모음 각각 1/2씩 포함되도록 작업하면 더욱 자연스러운 결과를 얻을 수 있다.

텍스트가 나타나고 음악에 맞춰 텍스트가 점점 커지는 효과를 만들어보자. 플레이헤드를 2초에 두고 툴바의 Blade를 선택하여 깡과 Dance의 2초 지점을 클릭하여 자른다. 잘라진 뒷부분 클립을 선택하고 Video Inspector> Opacity: 100으로 변경해준다(앞에서 Opacity: 50%으로 만든 것을 100으로 한다).

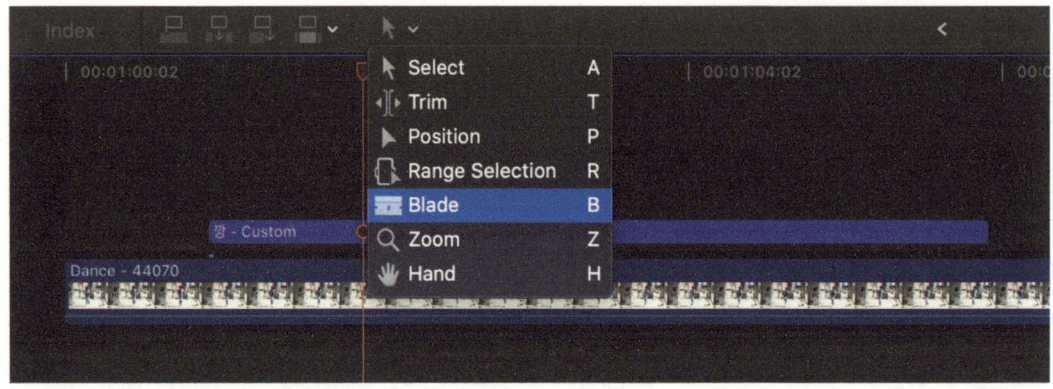

Effects〉 Blur〉 Prism을 깡과 Dance 클립의 잘라진 뒷부분에 적용한다. 깡 텍스트는 Video Inspector〉 Prism〉 Amount: 10, Angle: 48, Dance 클립은 Prism〉 Amount: 5를 입력한다.

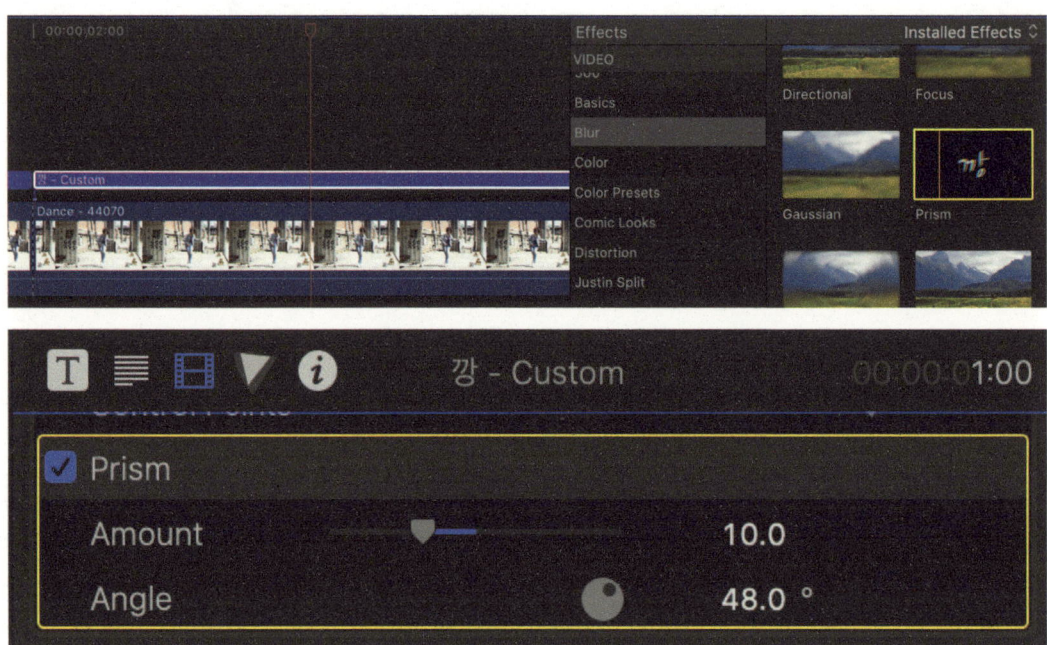

Viewer 창에 텍스트와 영상에 프리즘 효과가 적용되어 빨강과 파랑의 테두리가 번진 것 같이 보인다.

깡의 3초에 플레이헤드를 놓고 툴바의 블레이드를 이용하여 3초 지점을 자른다. 플레이헤드가 3초 지점에 있는 상태에서 키보드의 오른쪽 화살표를 세 번 눌러 이동시키고 블레이드 툴을 선택하여 플레이헤드 지점을 자른다. 다시 3프레임씩 오른쪽으로 이동하여 3초 이후의 텍스트를 3프레임씩 12개 자른다. 잘라진 클립은 깡1부터 깡12까지 클립의 이름을 바꾼다.

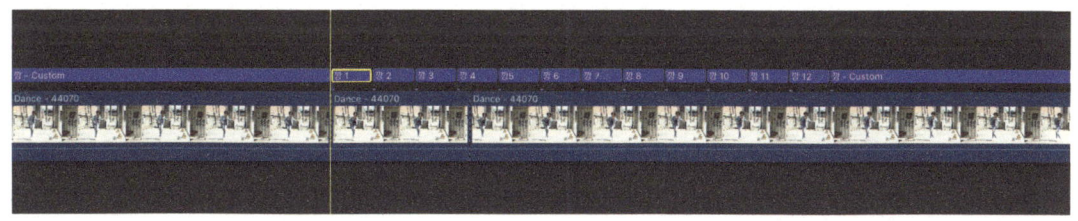

깡1부터 아래와 같이 입력한다.

깡1 : Video Inspector〉 Transform〉 Scale: 110, Opacity: 100
깡2 : Video Inspector〉 Transform〉 Scale: 110, Opacity: 30
깡3 : Video Inspector〉 Transform〉 Scale: 120, Opacity: 100
깡4 : Video Inspector〉 Transform〉 Scale: 120, Opacity: 100
깡5 : Video Inspector〉 Transform〉 Scale: 130, Opacity: 100

깡6 : Video Inspector〉Transform〉Scale: 130, Opacity: 30
깡7 : Video Inspector〉Transform〉Scale: 140, Opacity: 100
깡8 : Video Inspector〉Transform〉Scale: 140, Opacity: 30
깡9 : Video Inspector〉Transform〉Scale: 150, Opacity: 100
깡10 : Video Inspector〉Transform〉Scale: 150, Opacity: 30
깡11 : Video Inspector〉Transform〉Scale: 160, Opacity: 100
깡12 : Video Inspector〉Transform〉Scale: 160, Opacity: 30

맨 마지막에 있는 "깡" 클립을 선택하고 Scale: 160, Opacity: 100을 입력한다.

플레이해보면 글자가 커지고 흐려졌다 다시 커지는 것을 확인할 수 있다. 클립의 길이를 3프레임이 아니라 1-2프레임으로 하면 더욱 역동적인 움직임을 만들 수 있다.

Dance 클립을 선택하고 3초에 플레이헤드를 놓고 툴바의 블레이드를 이용하여 3초 지점을 자른다. 다시 10프레임을 오른쪽으로 이동하여 자른다. 지금 자른 부분은 Dance 클립 앞에서 세 번째 부분이다. 이 부분을 선택하고 Video Inspector〉Transform〉Scale: 150으로 입력한다. Viewer 창을 보면 텍스트가 커지면서 영상도 같이 커지는 것을 확인할 수 있다.

3) 텍스트와 영상의 합성

비의 "깡" 뮤직비디오에 34초부터 "HUNDRED DOLLAR BILLS" 텍스트가 나타난다. 영상은 흑백이고 형광색 텍스트는 반투명하여 뒤 영상이 비친다. 이 텍스트 효과를 만들어보자. "gang" Event에 File〉 New〉 Project를 클릭하고 Project Name을 "gang2"로 입력하고 OK를 누른다. 무료 다운로드 사이트에서 영상을 다운로드하여 임포트한다(예제로 사용된 파일은 Pixabay.com에서 Dance-44070.mp4를 다운로드하여 사용하였다. 앞에서 사용한 파일이다). Dance 클립을 스토리라인에 배치한다. 10초 길이로 앞뒤를 줄여준다.

영상을 흑백으로 만들기 위해 Effects〉 Color〉 Black & White를 Dance 클립에 적용해준다 (영상의 밝기를 낮춰주고 싶으면 앞에서 작업했던 Color Board에서 Saturation과 Exposure를 낮추면 된다).

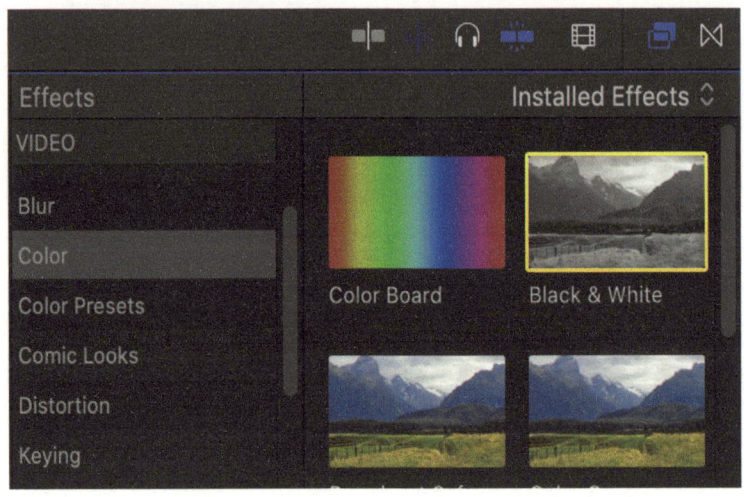

텍스트를 넣기 위해 Text〉 Build In/Out〉 Custom을 드래그해 영상 위 두 번째 스토리라인 1초 지점에 놓는다. Text Inspector에서 Text: HUNDRED DOLLAR를 입력한다 (HUNDRED 입력 후 엔터를 쳐서 줄 바꿈을 한다. 가운데 정렬). Font: Arial Black, Size: 150, Tracking: 60을(자간 조절) 입력하고 Viewer 창에서 텍스트 상자를 드래그하여 좌우 상하 가운데 위치하도록 조절한다. Text Inspector〉 Face〉 Color에서 텍스트의 컬러를 연두색으로 바꾼다.

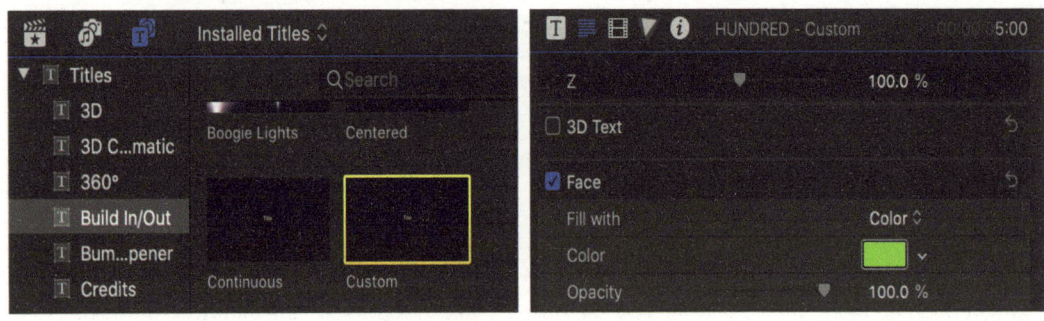

텍스트를 선택하고 Video Inspector〉 Compositing〉 Blend Mode: Screen, Opacity: 50으로 변경한다. 텍스트의 길이를 2초로 조절한다.

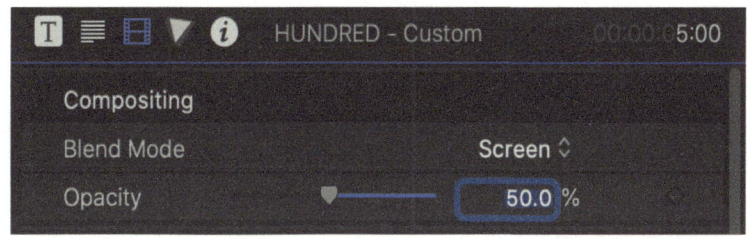

HUNDRED 텍스트를 복사하여 옆에 나란히 놓기 위해 HUNDRED 텍스트에 option을 누르고 옆으로 드래그한다. 복사한 텍스트를 선택하고 Text Inspector에서 Text: BILLS 를 입력한다. Size: 200을 입력하고 Viewer 창에서 텍스트 상가를 드래그하여 좌우 상하 가운데 위치하도록 조절한다.

텍스트가 나타날 때 지지직하는 노이즈 효과를 만들어보자. 텍스트가 시작하는 1초 지점에 플레이헤드를 놓고 툴바에서 Blade를 선택하고 Dance 클립의 1초 지점을 클릭하여 잘라준다. 키보드의 오른쪽 화살표를 다섯 번 눌러 플레이헤드를 5프레임 오른쪽으로 이동한다. 플레이헤드가 위치한 지점에 블레이드 툴을 사용해 Dance, Hundred Dalla 클립을 잘라준다. 플레이헤드를 Bills가 시작되는 3초 지점에 놓고 블레이드 툴을 이용하여 Dance 클립을 잘라준다. 키보드의 오른쪽 화살표를 다섯 번 눌러 플레이헤드를 5프레임 오른쪽으로 이동한다.

플레이헤드가 위치한 지점에 블레이드 툴을 사용해 Dance, Hundred Dalla 클립을 잘라준다.

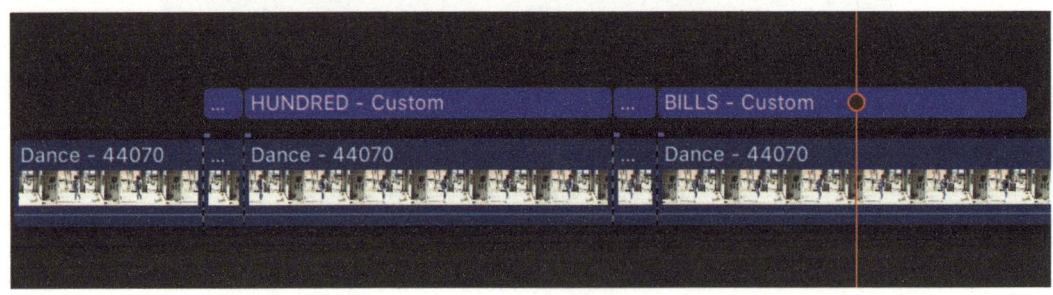

Dance 클립의 1초 지점에 잘라진 5프레임을 선택하고 오른쪽 마우스를 눌러 Clip Rename 으로 Dance2, 3초부터 5프레임은 Dance3으로 변경한다. Effects〉 Stylize〉 Add Noise를 드래그해서 적용한다. Video Inspector〉 Add Noise〉 Amount: 0.5로(원하는 만큼 조절한다) 입력한다.

화면을 좀 더 선명하게 하기 위해 Dance2에 Effects〉 Blur〉 Sharpen을 드래그해 적용해준다. Video Inspector〉 Sharpen〉 Amount: 10을 입력한다. 화면 가장자리에 색감을 주기 위해 Effects〉 Blur〉 Prism을 적용해준다. Amount: 5를 입력한다. 지지직거리는 효과를 위해

Effects〉Stylize〉Bad TV를 적용한다. Amount: 30을 입력한다. 흔들거리는 효과를 위해 Effects〉Distortion〉Earthquake를 적용한다. Amount: 50을 입력한다.

Dance2에 적용한 효과를 Dance3에도 적용해보자. Dance2를 선택하고 Command+C를 눌러 복사한다. Dance3을 선택하고 Edit〉Past Atrributes를 선택한다.

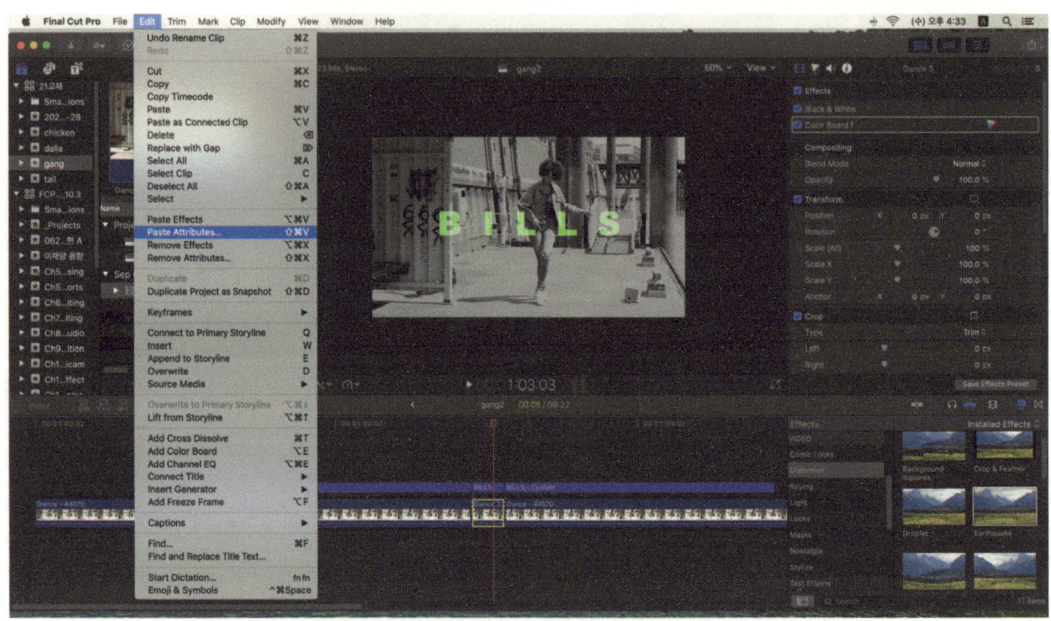

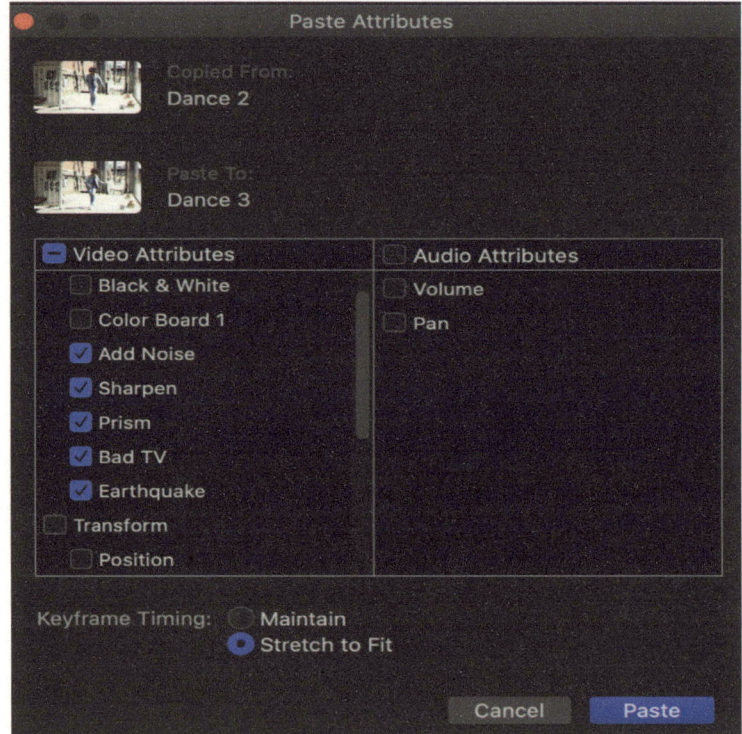

Video Attributes에서 Add Noise, Sharpen, Prism, Bad TV, Earthquake만 선택하고 Past를

클릭하여 적용해준다. Dance2와 Dance3에 같은 효과가 적용된 것을 확인할 수 있다. Text 에도 같은 효과를 적용하려면 앞에서 했던 것처럼 Edit〉 Past Atrributes를 적용하면 된다.

영상에서 가로로 다수의 선이 보이는 효과를 Glitch 효과라고 한다. 무료로 사용할 수 있는 Glitch 효과를 다운로드하여 적용해보자. Youtube에 Glitch Green Screen이라고 검색하면 다양한 Glitch 효과를 찾을 수 있다. 여기에서는 Glitch Green Screen Video를 다운로드하여 사용하였다.

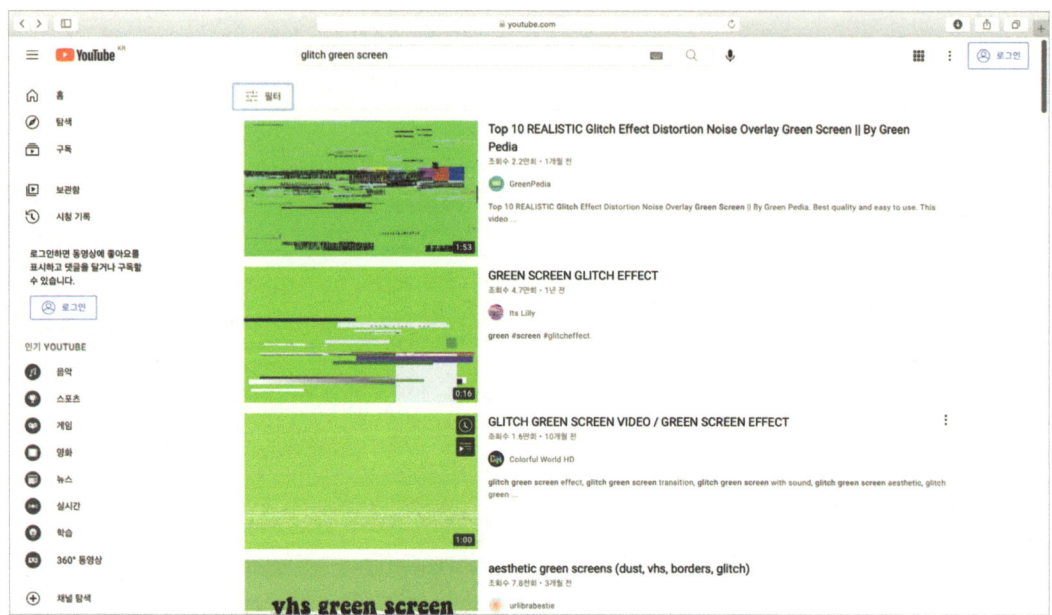

파이널 컷으로 Glitch Green Screen을 Import한다. 하단 부분에 지지직거리는 부분을 5프레임 IN/OUT을 잡아 HUNDRED 글자 시작 지점 1초의 맨 위 스토리라인에 놓는다.

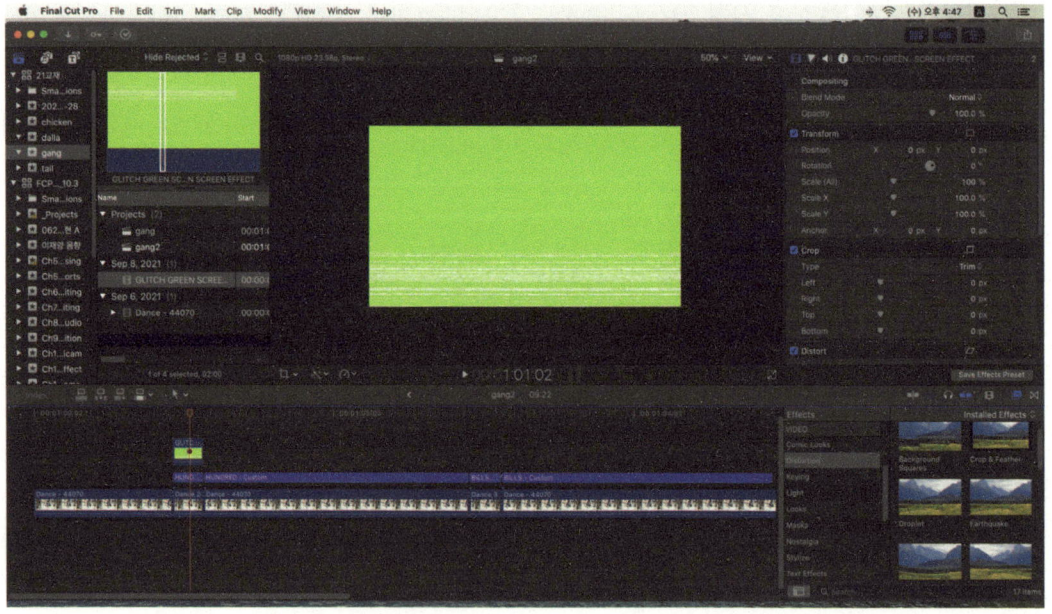

Effects〉Keying〉Keyer를 선택하여 Glitch에 적용한다. Glitch 클립의 연두색이 없어지고 지지직거리는 선들만 보인다.

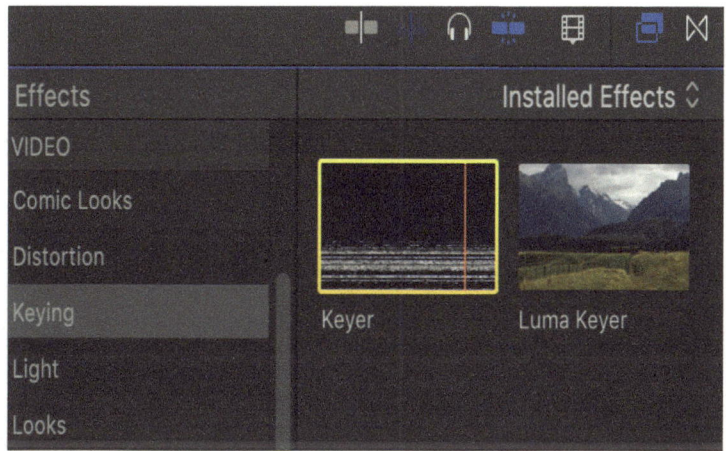

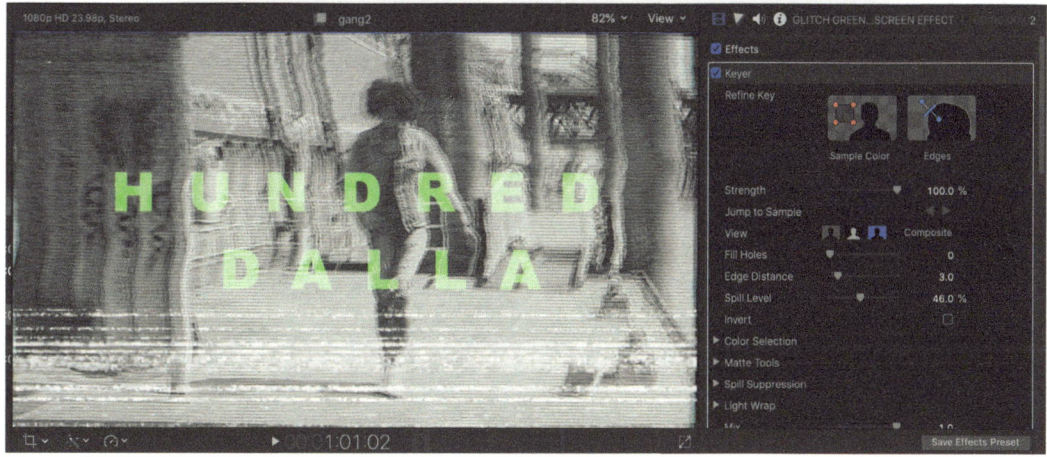

Glitch 클립을 선택하고 option을 눌러 3초 지점으로 드래그해 복사한다.

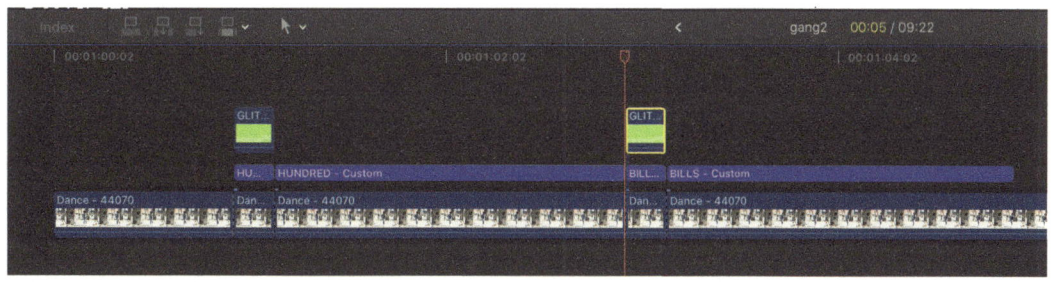

영상을 플레이하면 텍스트가 나타나는 지점만 짧게 화면이 흔들리며 Glitch 효과가 적용되는 것을 확인할 수 있다.

4) 글자 한 자씩 빠르게 나타나게 하기

"깡" 뮤직비디오 2:29초에 영상이 흑백으로 바뀌면서 텍스트가 한자씩 빠르게 나타나는 효과를 만들어보자. 앞에서 작업했던 프로젝트의 뒷부분에 편집해보자(Project Name "gang2"에서 이어서 작업한다). 10초 길이 Dance 클립의 6초, 7초, 8초 지점을 블레이드를 이용해 자른다. 6초, 7초, 8초 지점의 클립 이름을 Dance4, Dance5, Dance6으로 바꾼다(클립을 선택하고 마우스 오른쪽을 눌러 Rename Clip을 선택해서 변경해준다).

Dance4를 선택하고 흑백 효과를 없애기 위해 Video Inspector〉 Black & white를 선택하고 키보드의 del키를 눌러 지운다. 다시 컬러로 바꾼다.

Text〉Build in/out〉Custom을 드래그해서 Dance5 위에 놓는다. Text Inspector에서 Text: R을 입력한다. Font: Arial Black, Size: 400을 입력하고 Viewer 창에서 텍스트 상자를 드래그하여 좌우상하 중앙에 위치하도록 조절한다. Text Inspector〉Face〉Color에서 텍스트의 컬러를 주황색으로 바꾼다. 텍스트를 선택하고 Video Inspector〉Compositing〉Blend Mode: Screen, Opacity: 50으로 변경한다. 텍스트의 길이를 3프레임으로 조절한다.

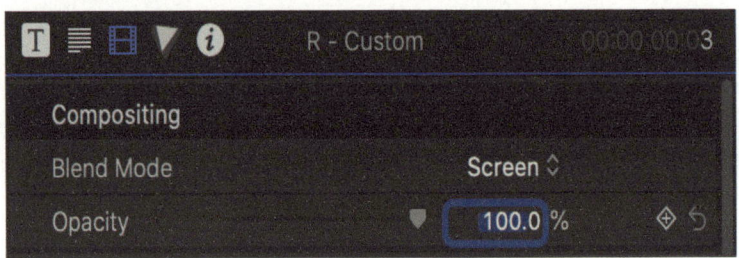

화면 가장자리에 색감을 주기 위해 Effects〉Blur〉Prism을 적용해준다. Amount: 5를 입력한다. 지지직거리는 효과를 위해 Effects〉Stylize〉Bad TV를 적용한다. Amount: 5를 입력한다. 흔들거리는 효과를 위해 Effects〉Distortion〉Earthquake를 적용한다. Amount: 30을 입력한다.

키보드의 option을 누르고 텍스트 R을 드래그해서 바로 옆에 복사해준다. Text Inspector에서 Text: A를 입력한다. Text Inspector〉 Face〉 Color에서 텍스트의 컬러를 노란색으로 바꾼다.

이와 같은 방법으로 복사하여 옆에 놓고 I, N, E, F, F, E, C, T로 글자를 바꿔주고 컬러를 연두, 노랑, 초록, 파랑, 보라, 빨강 등의 색으로 바꿔준다.

T가 끝나는 지점과 Dance5 클립이 끝나는 지점이 일치하지 않는다. 끝이 맞게 편집해주자. 툴바의 Trim을 선택한다. 마우스를 Dance5와 Dance6 클립 경계로 가져가면 마우스의 포인트 모양이 바뀌는데 이때 마우스를 드래그해 T 텍스트의 끝과 Dance5의 끝을 맞춘다.

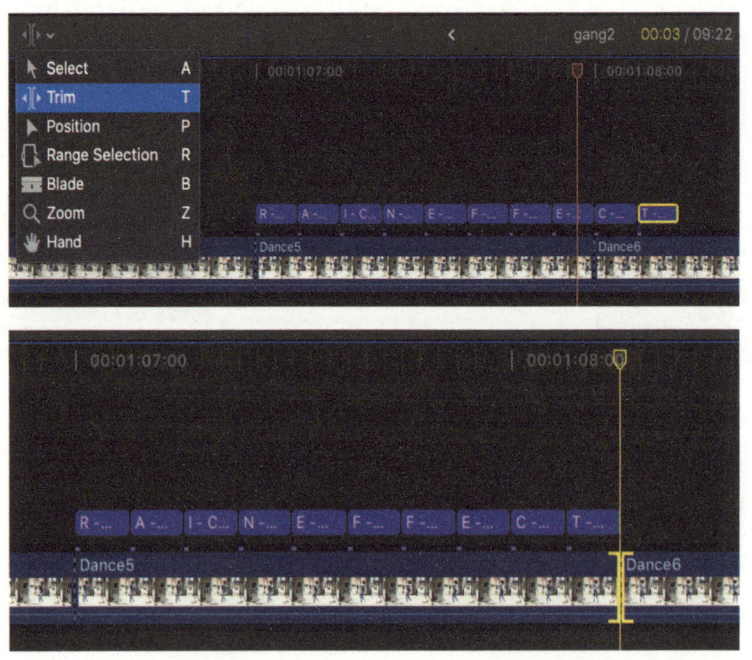

영상을 플레이해보면 텍스트가 같은 자리에서 빠른 속도로 바뀌는 것을 확인할 수 있다. Dance6의 흑백 효과를 없애기 위해 Dance6 클립을 선택하고 Video Inspector〉Black & white를 선택하고 키보드의 del키를 눌러 지운다. 텍스트가 더 빠르게 바뀌도록 하고 싶으면 텍스트의 프레임 길이를 2로 줄여도 된다.

5) 두 영상을 짧게 교차 편집하기

"깡" 뮤직비디오 1:38초에서 A영상을 보여주다가 A와 B컷을 빠르게 교차하고 B컷으로 넘어가는 편집을 하였다. 속도감 있는 교차 편집 효과를 만들어보자 "gang" Event에서 File〉New〉Project를 클릭하고 Project Name "gang3"을 입력하고 OK를 누른다. 무료 다운로드 사이트에서 영상을 다운로드하여 임포트한다(예제로 사용된 파일은 Pixabay.com에서 Dance-44070.mp4, Dance-4428.mp4를 다운로드하여 사용하였다). Dance-4428 클립을 타임라인에 배치한다. 클립의 길이를 3초로 조절한다. 플레이헤드를 2초 지점에 놓고 Dance-44070을 플레이헤드 시작점으로 해서 3초 길이로 두 번째 스토리라인에 배치한다. Dance-4428 클립을 Dance1, Dance-44070 클립을 Dance2로 이름을 바꿔준다(클립을 선택하고 마우스 오른쪽을 눌러 Rename Clip을 선택해서 변경해준다).

1프레임씩 이동하며 편집해야 하므로 타임라인을 확대해서 작업하는 것이 좋다. 화면 오른쪽 중간에 Change the Appearance를 클릭하고 Adjust the Timeline zoom level을 조절하여 작업하기 편하게 타임라인을 확대한다.

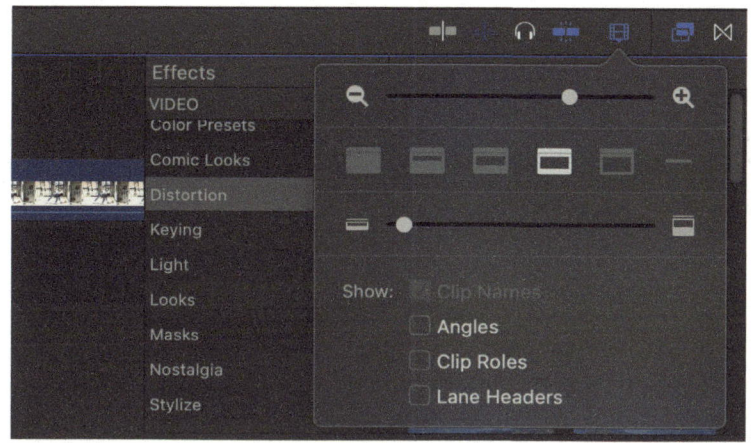

플레이헤드를 Dance2 앞에 놓는다(2초 지점). 툴바에서 블레이드를 선택한다. 키보드의 오른쪽 화살표를 한 번 눌러 플레이헤드를 오른쪽으로 1프레임 이동한다. 블레이드 툴이 선택된 상태에서 Dance2 클립의 플레이헤드 지점을 클릭하여 클립을 잘라준다. 다시 키보드의 오른쪽 화살표를 한 번 눌러 플레이헤드를 오른쪽으로 1프레임 이동한다. 마우스로 클릭하여 잘라준다. 1프레임씩 오른쪽으로 이동하며 Dance2 클립을 1프레임씩 잘라준다. 12프레임까지 잘라준다.

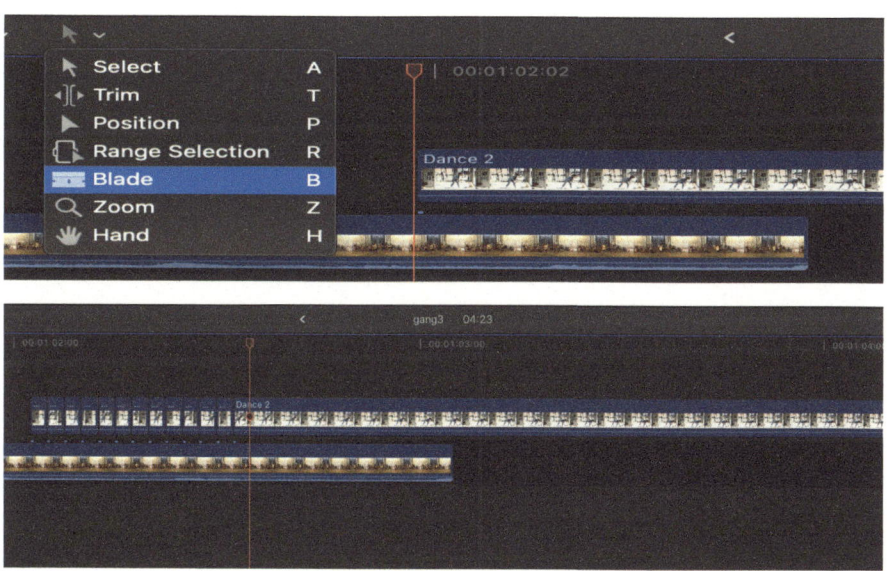

Dance2 클립의 두 번째 클립을 선택하고 키보드의 del키를 눌러 삭제한다. 네 번째, 여섯 번

째, 여덟 번째, 열 번째, 열두 번째 클립을 각각 선택하고 del키를 눌러 삭제한다.

영상을 플레이해보면 두 개의 장면이 빠르게 바뀌다가 다음 장면으로 넘어가는 것을 확인할 수 있다. 비의 "깡" 뮤직비디오처럼 A컷과 B컷이 빠르게 교차하다가 A컷이 1초 정도 나타나고 다시 B컷으로 바뀌게 하고 싶으면 Dance2의 12프레임부터 1초 잘라 삭제해서 Dance1이 보이게 하다가 Dance2가 보이게 하면 된다. 빠르게 바뀌는 장면을 더 길게 주고 싶으면 원하는 시간만큼 1프레임씩 더 잘라서 작업하면 된다.

2. 잇지(Itzy) - 달라달라(Dalla Dalla)

1) 뮤직비디오 영상 분석

잇지의 "달라달라" 뮤직비디오는 순간적인 컬러 변화로 경쾌한 분위기를 잘 표현하고 있다. 이번 뮤직비디오에서는 영상 좌우 반전하고 화면 분할하기, 특정 컬러만 여러 가지 컬러로 바꾸기, 배경 속도만 빠르게 만들기를 시도해보자.

(1) 영상 좌우 반전하고 화면 분할하기
"달라달라" 뮤직비디오 0:57초에 인물이 좌우 반전된 모습으로 화면 분할하여 좌우로 나타난다. 화면이 이분할, 삼분할되면서 한 명이 좌우 반전하여 두 사람, 세 사람으로 나타난다.

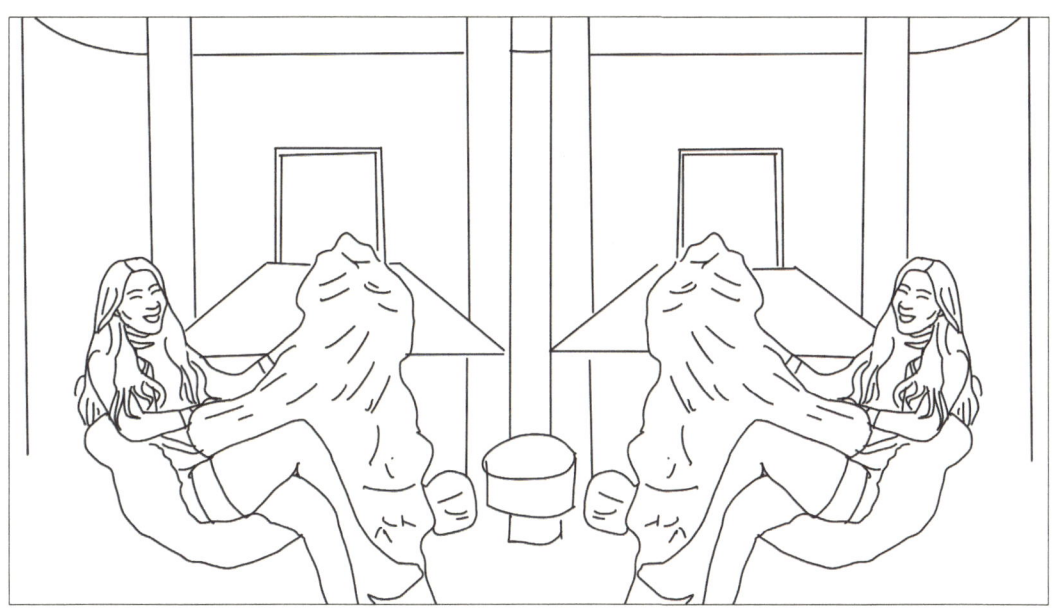

(2) 특정 컬러만 여러 가지 컬러로 바꾸기

컬러를 바꾸는 효과는 이 뮤직비디오에서 자주 나타난다. 0:57초 좌우 반전하여 화면 분할하는 장면에서도 강아지의 컬러가 분홍, 연두, 빨강 등으로 바뀐다. 이 효과는 2:04초에서도 다시 나타난다.

(3) 배경 속도만 빠르게 만들기

뮤직비디오 1:35초에 인물이 공항의 수하물 찾는 곳을 배경으로 한 장면이 나온다. 짐이 컨베이어 위에서 천천히 돌아가다가 인물은 정상 속도인데 수화물 컨베이어만 빠르게 회전하는 장면이 나온다. 같은 화면에서 움직이는 속도를 다르게 표현하는 편집이다. 주로 도로 위 차량, 혼잡한 거리의 인파 등 속도를 느낄 수 있는 장소에서 효과적으로 사용된다.

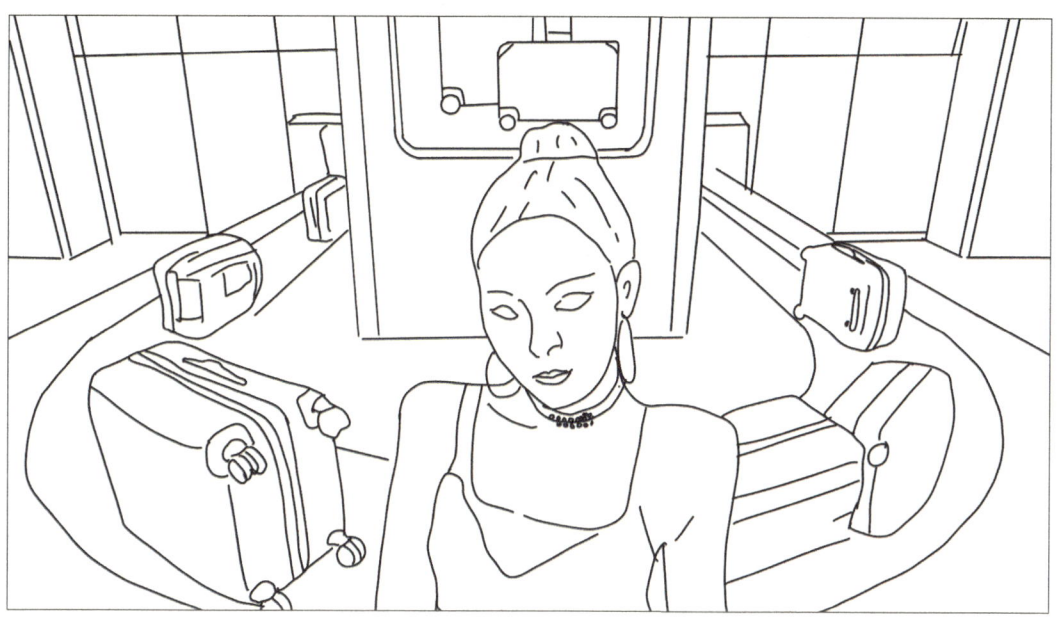

2) 영상 좌우 반전하고 화면 분할하기

영상의 좌우를 반전하고 분할 화면을 만들어보자. File〉 New〉 Event를 클릭해 "Dalla" Event를 만든다. "Dalla" Event에 File〉 New〉 Project를 클릭하고 Project Name "Dalla"를 입력하고 OK를 누른다. 무료 다운로드 사이트에서 영상을 다운로드하여 임포트한다(예제로 사용된 파일은 Pixabay.com에서 Dog-14869.MP4를 다운로드하여 사용하였다). Dog 클립을 스토리라인에 배치한다. 영상 속 강아지가 움직이는 경우 좌우 반전을 하면 몸의 일부가 겹치는 장면이 나타날 수 있어 자연스럽지 않으니 움직임이 적은 구간에 In/Out점을 잡아 배치한다. Dog 클립에 option을 누르고 클릭하여 스토리라인 위로 드래그하여 복사한다. 위에 복사한 클립을 선택하고 마우스 오른쪽을 클릭하여 메뉴의 Rename Clip을 선택하고 이름을 Dog2로 변경한다.

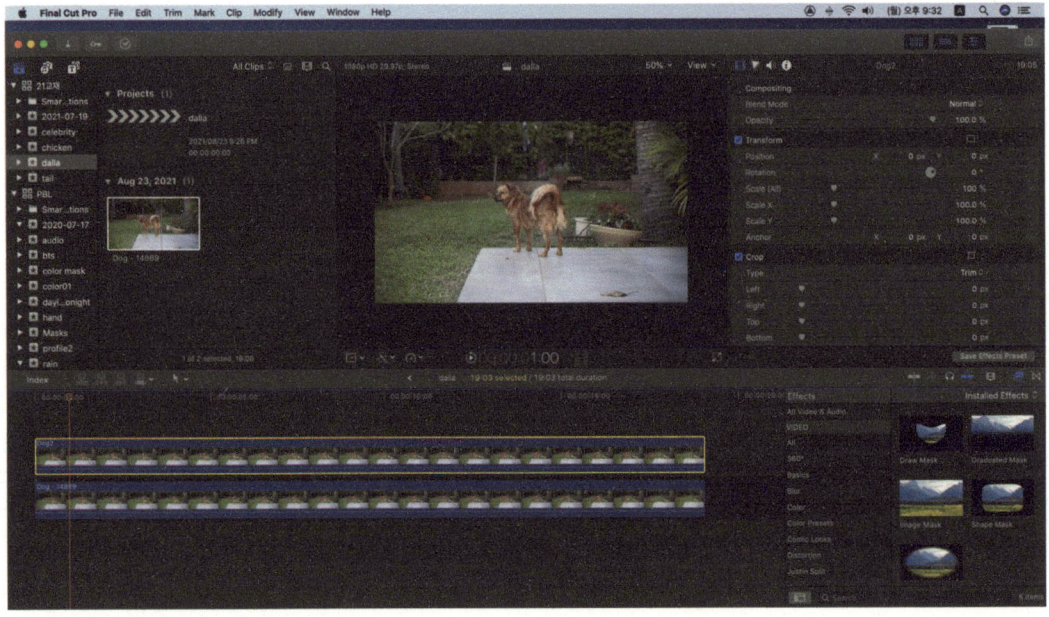

플레이헤드를 1초 지점에 두고 Blade 툴을 선택하여 Dog-14869와 Dog2 1초 지점을 클릭하여 자른다. 작업을 계속하기 위해서 Blade 툴을 사용한 후 Select 툴로 바꿔준다(Select 툴 단축키 a). Dog2 앞부분을 선택하고 del키를 눌러 삭제한다.

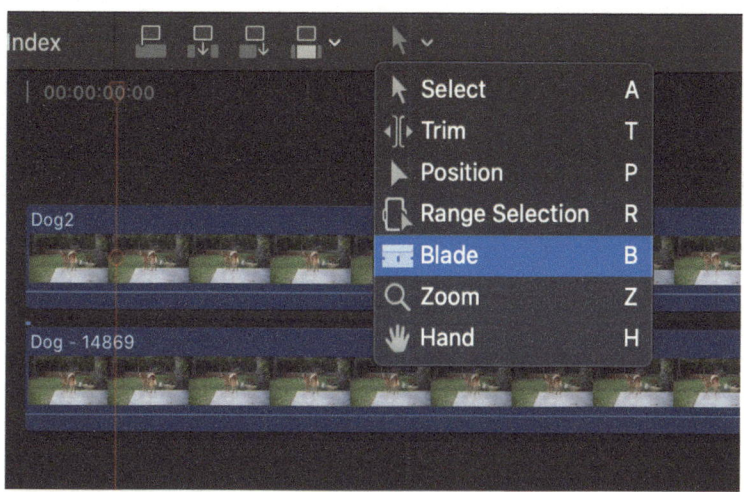

스토리라인의 Dog2를 선택한 상태에서 Effects〉Distortion〉Flipped를 드래그해서 적용한다 (Flipped를 더블클릭하거나 Dog2에 드래그하면 된다). 영상이 좌우 반전된 것을 확인할 수 있다.

Dog2를 선택한 상태에서 Viewer 창 왼쪽 아래 끝의 Transform을 선택한다. Viewer 창의 핸들을 Shift를 누른 상태로 왼쪽으로 드래그하여 강아지가 왼쪽 1/2 중간에 위치하게 한다. Shift를 누른 상태로 이동하면 수평을 유지한 상태로 좌우로 이동할 수 있다. 다시 Viewer 창 왼쪽 아래 끝의 Crop을 클릭하여 화면의 1/2 지점까지 오른쪽 부분을 줄여준다. Done을 클릭한다.

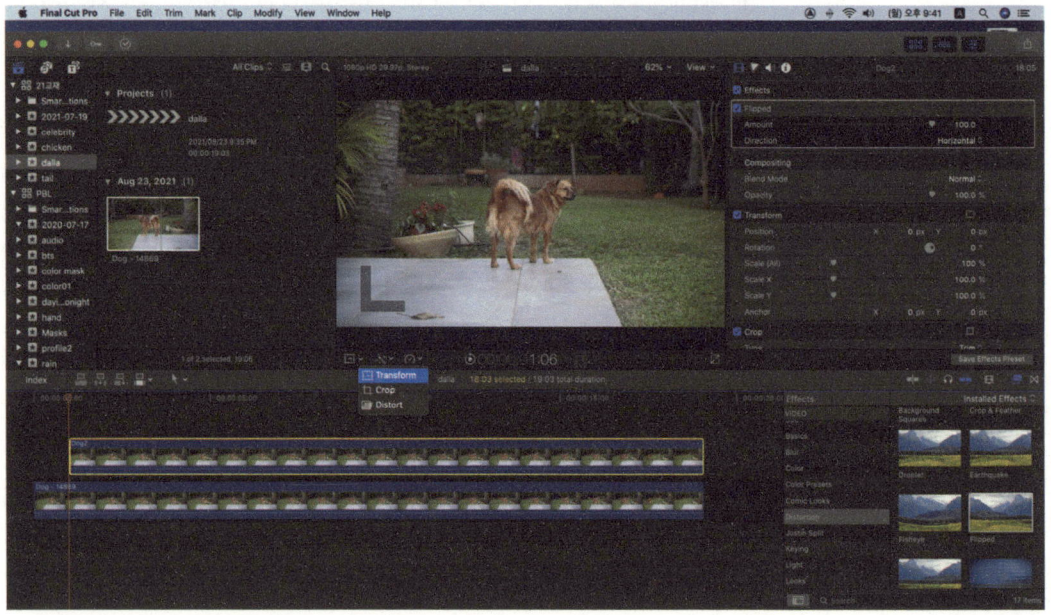

Dog2 밑의 Dog-14869를 선택하고 Viewer 창 왼쪽 아래 끝의 Transform을 선택한다. Viewer 창의 핸들을 Shift를 누른 상태로 오른쪽으로 드래그하여 강아지가 오른쪽 1/2 중간에 위치하게 한다. Viewer 창 왼쪽 아래 끝의 Crop을 클릭하여 왼쪽 부분을 줄여준다(밑에 있어서 이 작업은 생략해도 된다). 두 개의 영상이 좌우 대칭이 적절한지 확인하고 Done을 클릭한다.

잇지의 "달라달라" 뮤직비디오에서는 두 개의 영상이 좌우 반전된 장면과 같은 장면을 세 개 배치한 장면이 있다. 세 개를 배치하려면 영상을 삼분할하여 각각의 영상을 배치하면 된다. 타임라인에 같은 영상을 복사하여 세 개 배치한다. 클립 이름을 아래에서부터 Dog1, Dog2, Dog3으로 바꾼다.

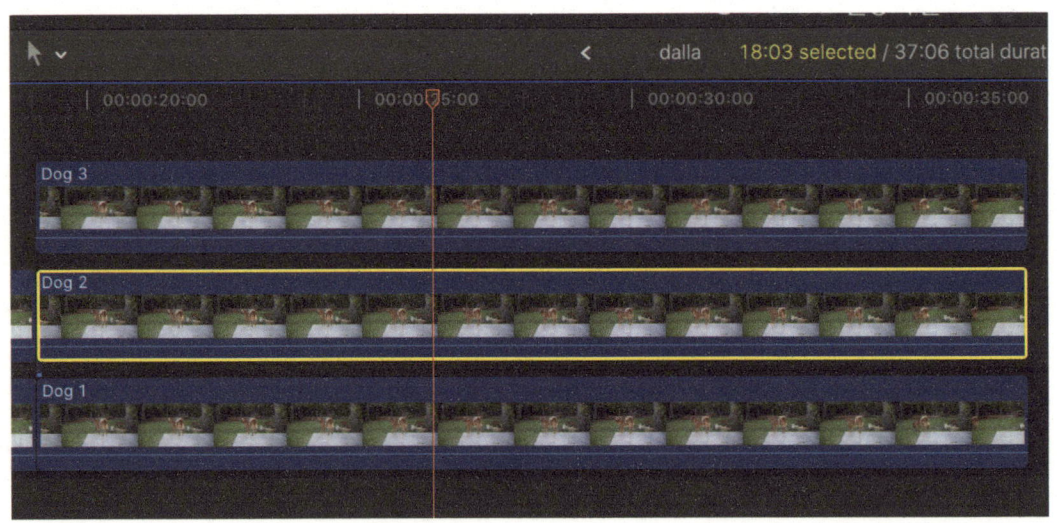

스토리라인의 Dog3을 선택하고 Viewer 창 왼쪽 아래 끝의 Transform을 선택한다. Viewer 창의 핸들을 Shift를 누른 상태로 오른쪽으로 드래그하여 강아지가 오른쪽 1/3 중간에 위치하게 한다. 다시 Viewer 창 왼쪽 아래 끝의 Crop을 클릭하여 왼쪽 부분을 줄여준다. Done을 클릭한다.

Dog2를 선택한 상태에서 Effects〉 Distortion〉 Flipped를 선택하여 적용해준다. Viewer 창 왼쪽 아래 끝의 Transform을 선택한다. Viewer 창의 핸들을 Shift를 누른 상태로 왼쪽으로 드래그하여 강아지가 2/3 중간에 위치하게 한다. 다시 Viewer 창 왼쪽 아래 끝의 Crop을 클릭하여 왼쪽 부분을 줄여준다. Done을 클릭한다.

Dog1을 선택한 상태에서 Viewer 창 왼쪽 아래 끝의 Transform을 선택한다. Viewer 창의 핸들을 Shift를 누른 상태로 왼쪽으로 드래그하여 강아지가 왼쪽 1/3 중간에 위치하게 한다. 다시 Viewer 창 왼쪽 아래 끝의 Crop을 클릭하여 오른쪽 부분을 줄여준다(맨 밑에 있는 클립이기 때문에 이 과정을 생략해도 된다). Done을 클릭한다.

3) 특정 컬러만 여러 가지 컬러로 바꾸기

"달라달라" 뮤직비디오 54초에 안고 있는 강아지의 컬러가 변하는 장면이 있다. 특정 컬러만 여러 가지 컬러로 바뀌는 효과를 만들어보자. File〉New〉Event를 클릭해 "Dalla" Event를 만든다. "Dalla" Event에 File〉New〉Project를 클릭하고 Project Name "Dalla2"를 입력하고 OK를 누른다. 무료 다운로드 사이트에서 영상을 다운로드하여 임포트한다(예제로 사용된 파일은 Pixabay.com에서 Puppy-1047.MP4를 다운로드하여 사용하였다). Puppy 클립을 스토리라인에 배치한다. 4초로 길이를 조정한다. 컬러가 변하는 지점을 마커로 표시한다. 플레이헤드를 1초 지점에 놓고 키보드의 M을 눌러 마커를 표시한다. 2초, 3초 지점도 마커를 표시한다.

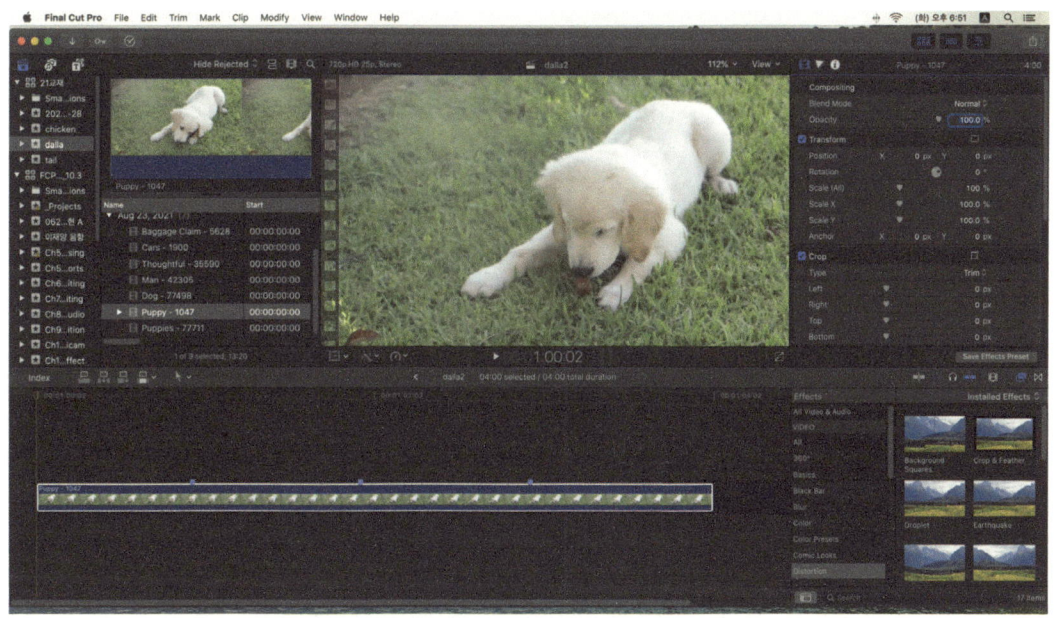

스토리라인의 Puppy를 선택하고 플레이헤드를 클립의 맨 앞에 두고 오른쪽 위 끝의 Color Inspector〉Color Board를 선택한다.

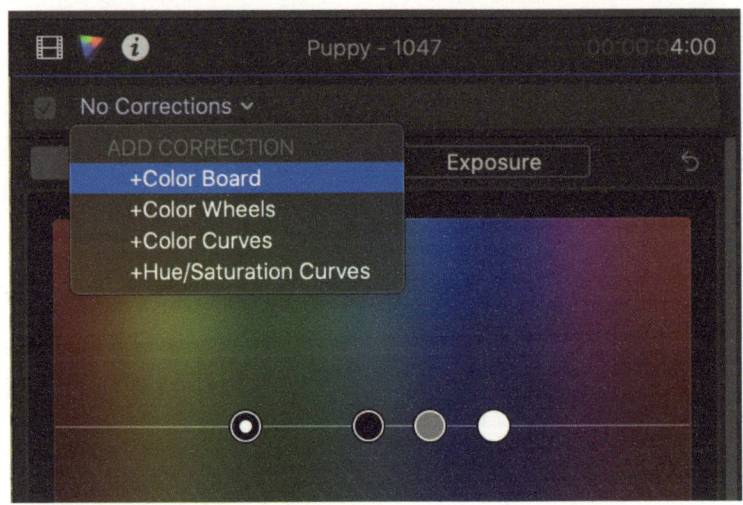

Color Board1이 만들어진다. Color Board1 오른쪽의 사각형 모양을 클릭하고 Add shape Mask를 클릭한다.

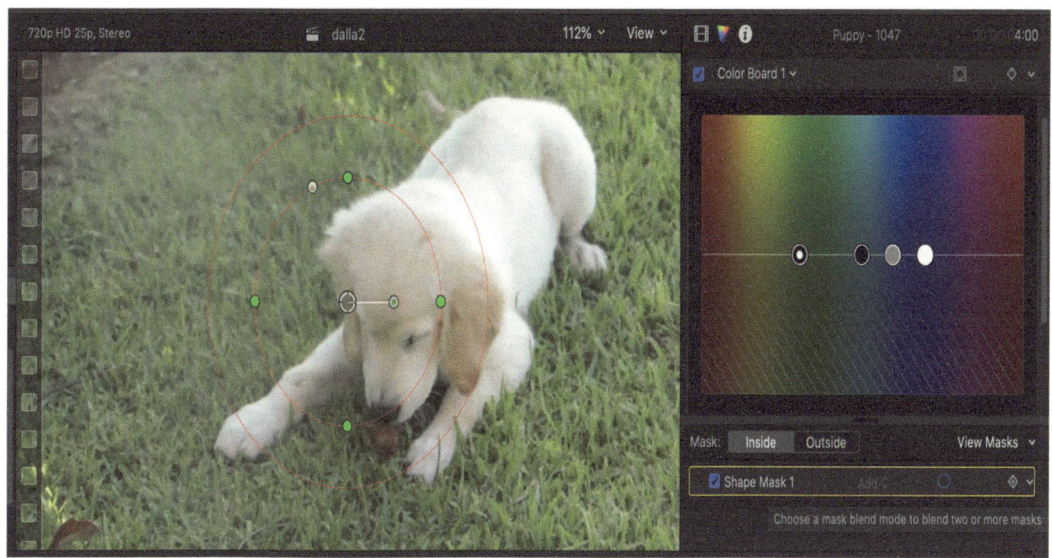

Viewer 창의 강아지가 다 포함되도록 Shape Mask를 조절한다.

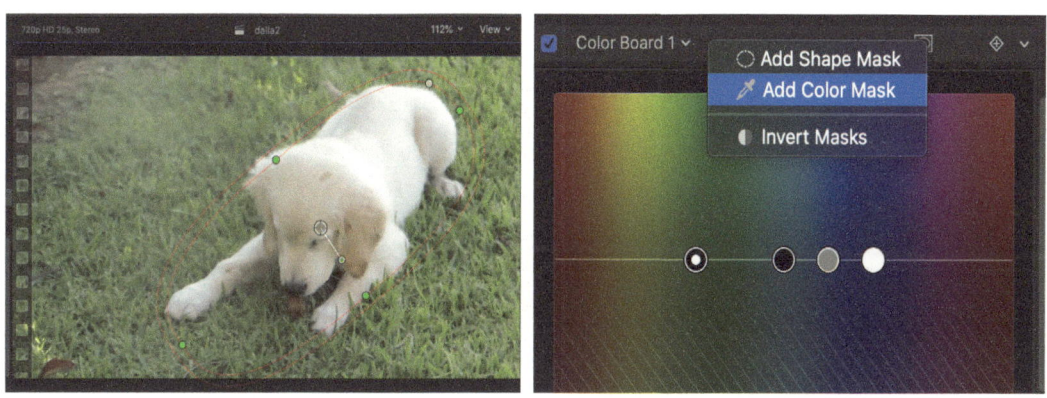

Color Board1 오른쪽의 사각형 모양을 클릭하고 Add Color Mask를 클릭한다. Color Board1 오른쪽 끝의 마름모 모양을 클릭하여 Keyframe을 준다. Shape Mask도 오른쪽 끝 마름모 모양을 클릭하여 Keyframe을 준다. 클립의 앞부분은 흰색 강아지이다.

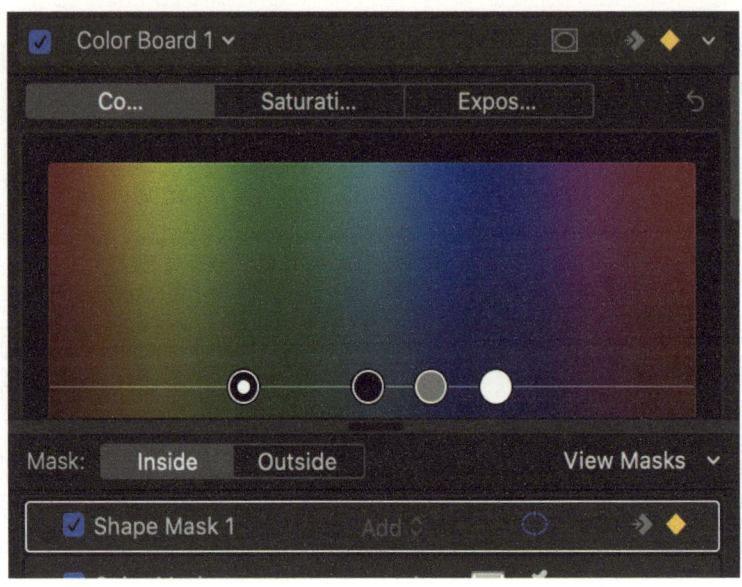

플레이헤드를 첫 번째 마커로 이동한다. Color Board1과 Shape Mask 오른쪽 끝 마름모 모양을 클릭하여 Keyframe을 준다. Color Board1의 Master를 선택하고 왼쪽 밑으로 드래그하여 Viewer 창의 마스크 안이 파란색이 되도록 한다.

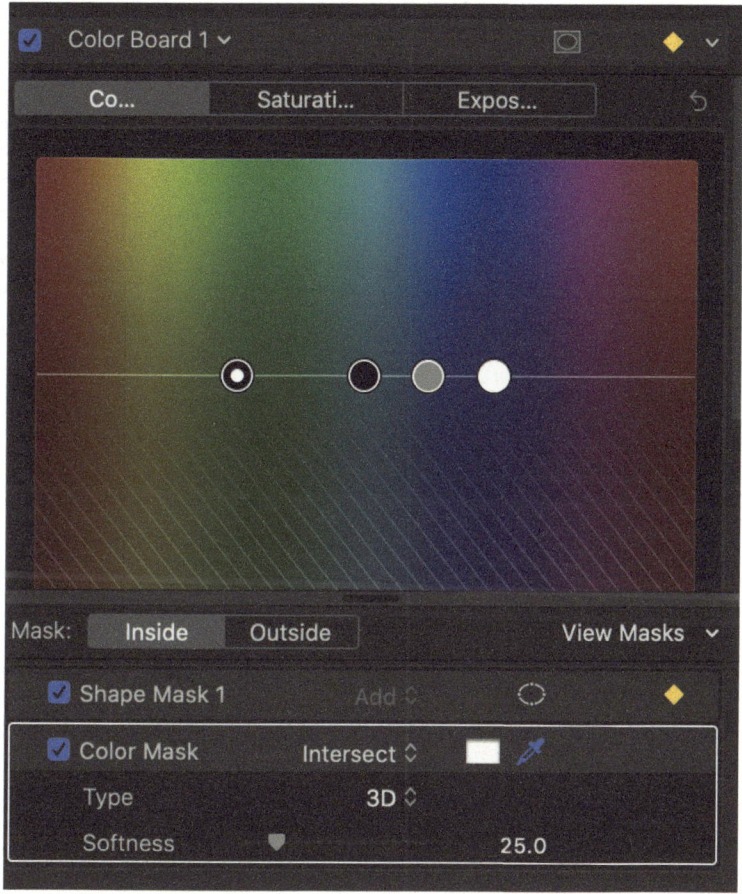

Color Mask 오른쪽 끝의 스포이드 모양이 파란색으로 활성화되어 있는 것을 확인하고 마우스를 Viewer 창으로 가져가면 마우스가 스포이드 모양으로 바뀐다. 강아지의 흰색 부분을 클릭한다. 클릭한 부분만 파란색으로 바뀐다. Shift를 누른 상태에서 강아지의 흰색 부분을 클릭하면 Mask Color가 더해지면서 강아지의 컬러가 전체적으로 원하는 색이 되도록 클릭한다. 원하지 않는 부분까지 컬러가 변하면 option을 누르고 클릭하면 클릭한 부분이 마이너스된다.

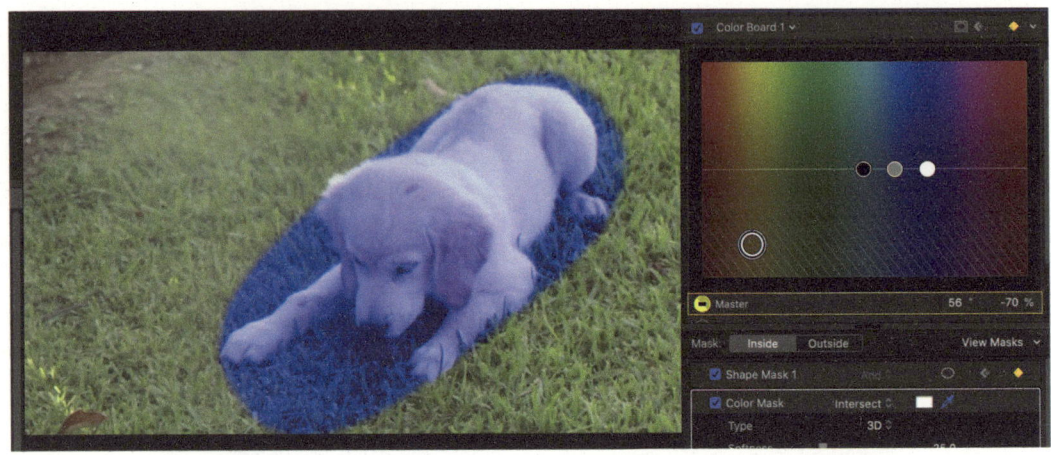

Shape Mask를 클릭하고 강아지가 마스크에서 벗어났는지 확인하고 조절해준다.

원하는 컬러가 적용되었으면 플레이헤드를 두 번째 마커로 이동한다. Color Board1과 Shape Mask 오른쪽 끝 마름모 모양을 클릭하여 Keyframe을 준다. Color Board1의 Master를 선택하고 오른쪽 위로 드래그하여 Viewer 창의 강아지 색이 주황색이 되도록 한다.

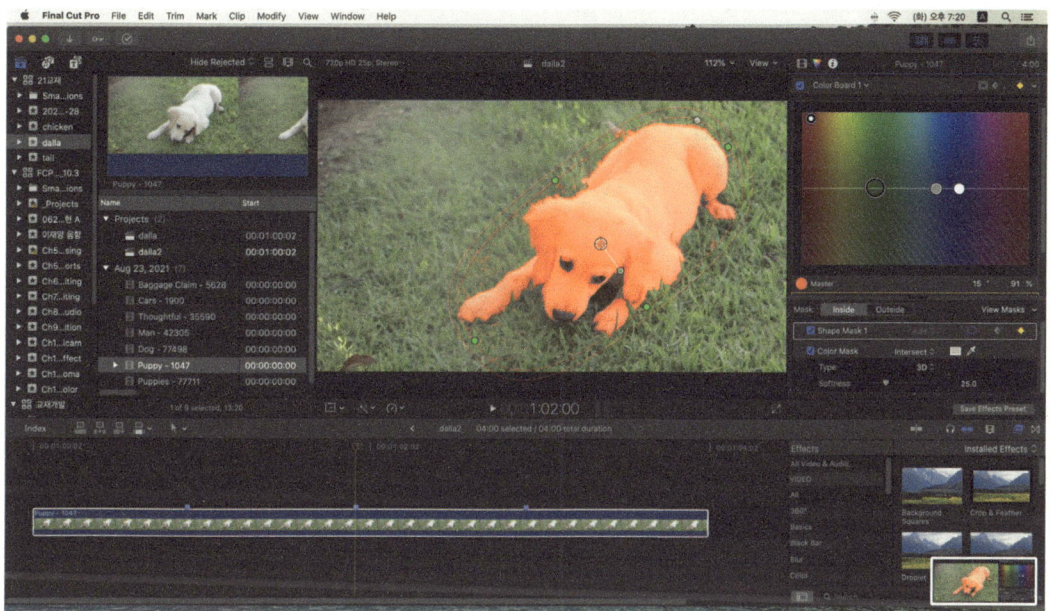

플레이헤드를 세 번째 마커로 이동한다. Color Board1과 Shape Mask 오른쪽 끝 마름모 모양을 클릭하여 Keyframe을 준다. Color Board1의 Master를 선택하고 오른쪽 위로 드래그하여 Viewer 창의 강아지 색이 연두색이 되도록 한다. 플레이하면 강아지가 흰색에서 파란색, 주황색, 연두색으로 점차 바뀌는 것을 확인할 수 있다.

뮤직비디오에서는 컬러가 점차 바뀌지 않고 순식간에 바뀐다. 컬러를 한꺼번에 바꾸어보자. 타임라인에 Puppy-1047.mp4를 배치하고 클립 이름을 Puppy2로 바꾸고 길이를 2초로 조절한다.

앞에서와 같이 Puppy2에 마커를 세 개 넣고 Color Inspector〉 Color Board를 선택한다. Color Board1 오른쪽의 사각형 모양을 클릭하고 Add Shape Mask를 클릭한다. Viewer 창의 강아지가 다 포함되도록 Shape Mask를 조절한다. Color Board1 오른쪽의 사각형 모양을 클릭하고 Add Color Mask를 클릭한다. 위에서 한 작업과 같은 과정이다.

플레이헤드를 첫 번째 마커에 놓고 Blade 툴을 선택하고 Puppy2의 플레이헤드 지점을 클릭하여 클립을 자른다. 두 번째 마커, 세 번째 마커 지점도 자른다.

다시 Select 툴을 선택하고 Puppy2 클립의 두 번째 잘린 부분을 선택한다. Color Board1의 Master를 선택하고 왼쪽 위로 드래그하여 Viewer 창의 강아지 색이 연두색이 되도록 한다. Color Mask의 스포이드를 클릭하여 활성화하고 Viewer 창의 강아지 색을 클릭하여 강아지가 연두색이 되도록 한다. Shift를 누른 상태에서 강아지의 흰색 부분을 클릭하여 강아지의 컬러가 전체적으로 연두색이 되도록 클릭한다.

Puppy2 클립의 세 번째 잘린 부분을 선택한다. Color Board1의 Master를 선택하고 왼쪽 위로 드래그하여 Viewer 창의 강아지 색이 주황색이 되도록 한다. Color Mask의 스포이드를 클릭하여 활성화하고 Viewer 창의 강아지 색을 클릭하여 강아지가 주황색이 되도록 한다. Shift를 누른 상태에서 강아지의 흰색 부분을 클릭하여 강아지의 컬러가 전체적으로 주황색이 되도록 클릭한다. 예제는 잔디에 강아지가 있어서 컬러의 경계가 불분명한 부분이 있다. 컬러 선택이 경계가 분명하게 되지 않는 경우가 발생한다. 뮤직비디오를 보면 컬러가 바뀌는 장면에서 강한 조명과 강아지와 주변의 경계가 뚜렷하여 강아지의 컬러 영역 선택이 쉽도록 설정되어 있다.

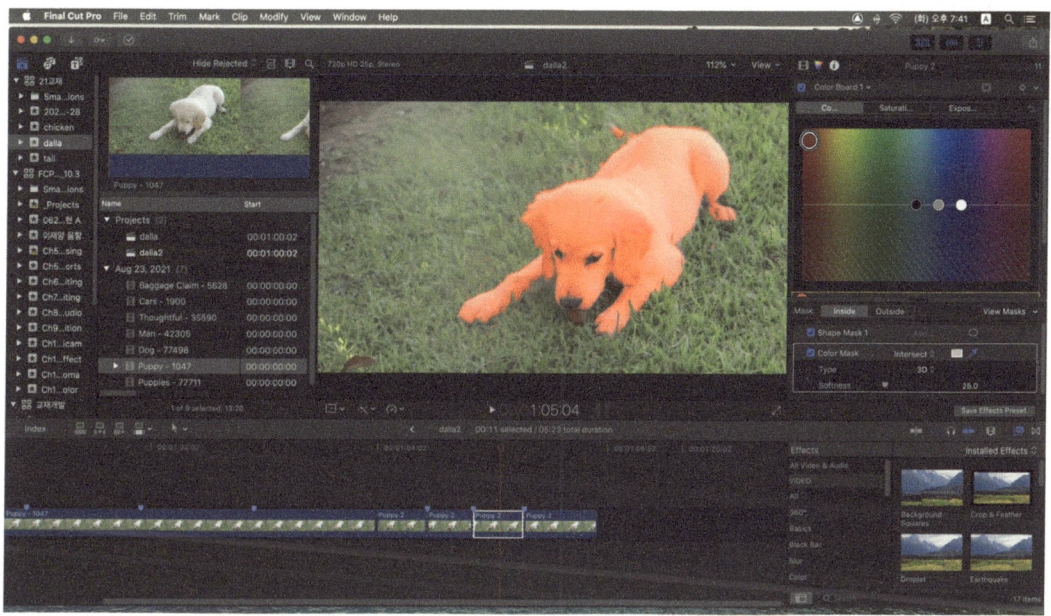

Puppy2 클립의 네 번째 끝부분을 선택한다. Color Board1의 Master를 선택하고 왼쪽 위로 드래그하여 Viewer 창의 강아지 색이 노란색이 되도록 한다. Color Mask의 스포이드를 클릭하여 활성화하고 Viewer 창의 강아지 색을 클릭하여 강아지가 노란색이 되도록 한다. Shift를 누른 상태에서 강아지의 흰색 부분을 클릭하여 강아지의 컬러가 전체적으로 노란색이 되도록 클릭한다.

영상을 플레이하면 Puppy2 클립의 강아지 컬러가 흰색에서 연두, 주황, 노란색으로 바뀌는 것을 확인할 수 있다. 뮤직비디오처럼 컬러가 빠르게 바뀌게 만들려면 클립의 길이를 짧게 하면 된다. 예제처럼 1초 간격으로 하지 않고 5~10프레임 정도로 클립의 길이를 조절하면 된다.

4) 배경 속도만 빠르게 만들기

"달라달라" 뮤직비디오 1:34초에 사람이 공항에서 수하물 컨베이어를 배경으로 앉아 있는 장면이 나온다. 처음에는 같은 속도로 플레이되다가 1:39초에 인물 뒤의 수하물 컨베이어만 빠른 속도로 돌아가는 장면이 있다. 이러한 효과를 만들기 위해서는 카메라가 고정된 상태에서 사람이 있는 장면을 찍고, 사람이 없는 배경만 찍는 작업이 필요하다. 사람이 있는 영상에서 사람만 남기고 배경을 없애고, 배경만 있는 영상에서 속도를 조절하여 두 영상을 합성하면 된다. 동일한 장소에서 카메라가 고정된 상태로 촬영된 영상이기 때문에 사람의 배경을 제거하고 배치하여도 영상이 어색하지 않다.

배경만 빨리 재생되는 영상을 만들어보자. 공항 컨베이어벨트와 같이 배경이 움직이는 장면을 활용하면 된다. 거리의 사람들이 지나가는 장면이나, 도로의 차량이 지나가는 장면 등을 사용하면 된다. File〉 New〉 Event를 클릭해 "Dalla" Event를 만든다. "Dalla" Event에 File〉 New〉 Project를 클릭하고 Project Name "Dalla3"을 입력하고 OK를 누른다. 무료 다운로드 사이트에서 영상을 다운로드하여 임포트한다(예제로 사용된 파일은 Pixabay.com에서 Cars-1900.mp4, Thoughtful-35590.mp4를 다운로드하여 사용하였다). 무료 다운로드 사이트에 카메라가 고정된 상태에서 사람이 있는 장면과 배경만 찍은 영상이 없으므로 차량이 빠르게 움직이는 도로를 중심으로 파일을 선택하였고 인물이 있는 영상을 별도로 선택하였다. 같은 장소에서 촬영된 영상이 아니기에 편집의 결과가 다소 어색할 수 있다. 이런 영상을 편집하는 과정으로 이해하면 된다.

두 개의 파일을 임포트한다. 편집의 편리성을 위해 프라이머리 스토리라인에 투명도 0%인 Solids를 배치하자. 프라이머리 스토리라인에 Gap이 발생하면 안 되기 때문이다. 프로젝트 dalla3 타임라인의 프라이머리 스토리라인에 Generators〉 Solids〉 Custom을 선택하여 놓는다. Video Inspector〉 Compositing〉 Opacity 0%로 변경한다.

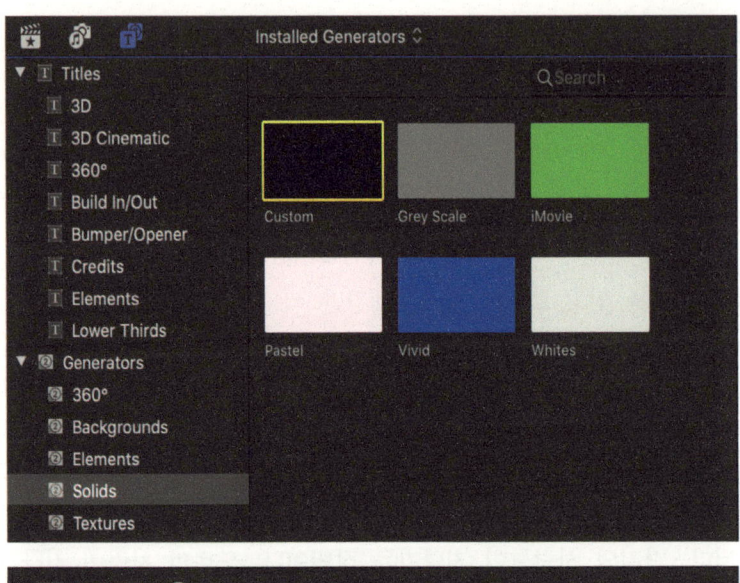

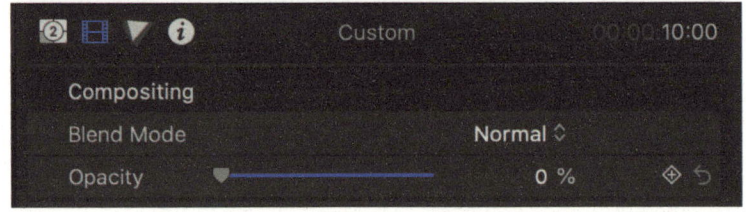

Cars 클립을 두 번째 스토리라인에 배치한다. Cars 클립의 길이를 20초로 줄인다. 플레이헤드를 1초에 두고 툴바의 Blade를 선택한 후 플레이헤드가 있는 Cars 클립의 1초 지점을 클릭하여 클립을 자른다. Cars 클립의 19초 지점에 플레이헤드를 두고 Blade를 선택하여 19초 지점을 자른다. Cars 클립의 시작점과 끝 지점에 각각 1초씩 정상 속도로 움직이는 영상을 배치했는데, 정상 속도와 빠른 속도를 대비하여 효과를 보여줄 수 있기 때문이다.

세 개로 자른 Cars 클립 중 가운데 클립을 선택하고 Viewer 창 왼쪽 아래 Retiming option을 클릭하고 Custom을 선택한다. Custom Speed> Set Speed> Rate: 1000%를 입력하고 엔터를 누른다. 예제 파일의 길이가 짧아 1000%로 했으나 1600%~2000% 정도로 설정해야 더욱 자연스러운 결과를 얻을 수 있다.

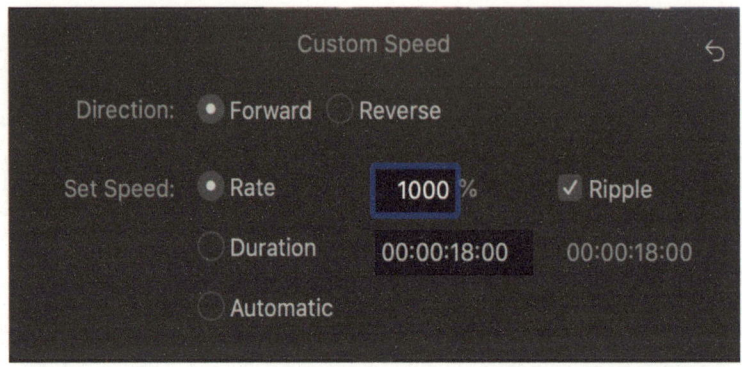

맨 뒤에 있는 클립을 1000%로 속도 변경한 클립의 뒤에 붙이고 프라이머리 스토리라인에 있는 Custom 길이도 Cars의 끝에 맞춘다.

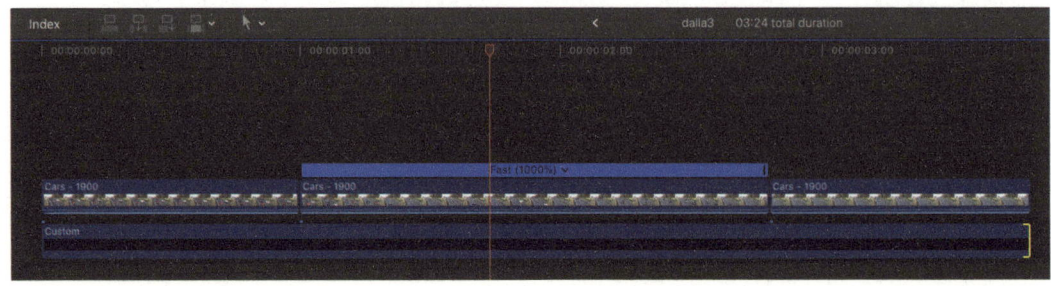

속도를 변경한 가운데 Cars 클립을 선택하고 option 키를 누른 상태로 Cars 클립을 위의 스토리라인으로 드래그하여 복사한다. Cars 클립을 총 4개 복사하여 위로 배치한다. 맨 위의 클립부터 배경1, 배경2, 배경3, 배경4로 클립의 이름을 바꾼다(클립을 선택하고 오른쪽 마우스를 눌러 메뉴가 나타나면 Rename Clip을 선택하여 바꾸면 된다).

배경1을 선택하고 Video Inspector> Compositing> Opacity 50%로 변경한다. 배경2를 선택하고 Video Inspector> Compositing> Opacity 60%로 변경한다. 배경3을 선택하고 Video Inspector> Compositing> Opacity 70%로 변경한다. 배경4는 변경하지 않고 100%로 둔다. 가운데 오른쪽 부분에 Change the appearance를 클릭하고 타임라인의 프레임을 확대하여 작업하기 편하게 변경한다(툴바의 돋보기를 선택하여 확대해도 된다).

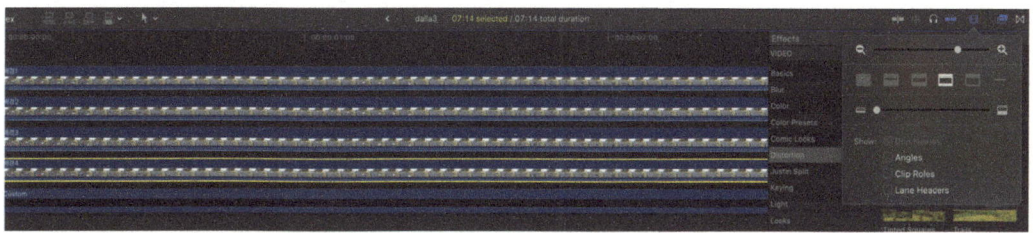

플레이헤드를 배경1 클립의 맨 앞에 두고 키보드의 오른쪽 화살표를 한 번 누른다. 플레이헤드가 오른쪽으로 1프레임 이동하게 된다. 1프레임 오른쪽으로 이동한 플레이헤드에 배경2의 시작 부분을 맞춘다. 다시 키보드의 오른쪽 화살표를 한 번 누른다. 1프레임 오른쪽으로 이동한 플레이헤드에 배경3의 시작 부분을 맞춘다. 다시 키보드의 오른쪽 화살표를 한 번 누른다. 1프레임 오른쪽으로 이동한 플레이헤드에 배경4의 시작 부분을 맞춘다. 배경 1의 끝에 맞추어 배경2, 배경3, 배경4의 끝을 줄여준다.

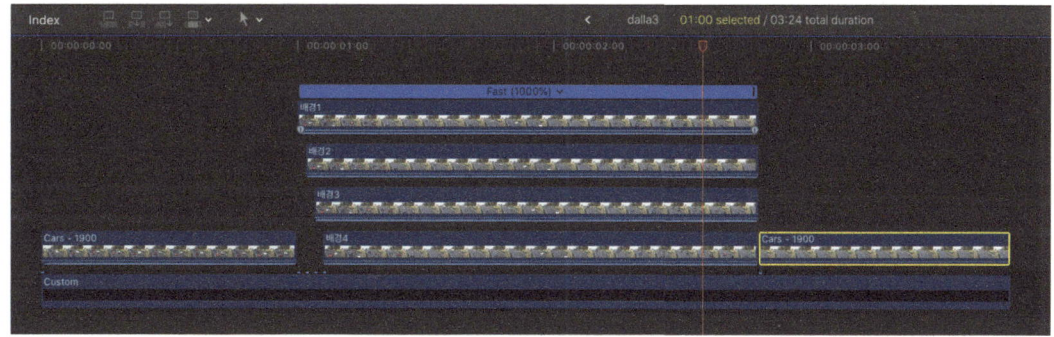

영상을 플레이해보면 도로 위의 자동차가 잔상을 남기며 달리는 것을 확인할 수 있다. Thoughtful 클립을 드래그하여 맨 위의 스토리라인에 놓는다. 길이를 배경1의 끝에 맞춘다.

플레이헤드를 Thoughtful 클립의 맨 앞에 두고 Effects〉 Marsks〉 Draw Mask를 Thoughtful 클립에 적용한다. Video Inspector〉 Draw Mask에서 Transforms〉 Position 오른쪽의 키프레임을 클릭하고, Control Points 오른쪽 키프레임을 클릭하여 각각 키프레임을 준다.

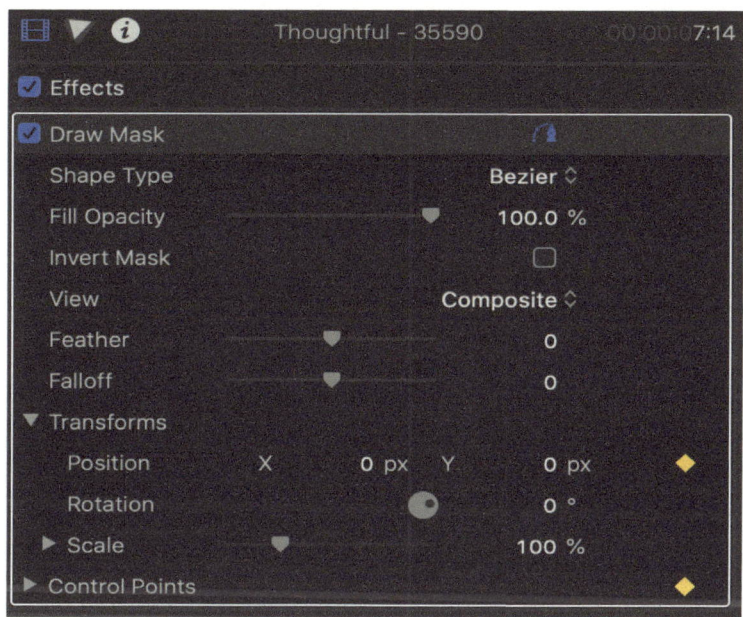

Viewer 창에 마우스를 가져가면 마우스 포인트가 펜촉으로 바뀐다. 섬세하게 클릭하여 인물의 테두리를 따준다. 마지막은 처음 클릭한 지점을 클릭하여 펜촉으로 딴 인물의 테두리가 열리지 않고 닫히게 해야 한다.

키보드의 오른쪽 화살표를 눌러 1프레임 오른쪽으로 이동한다. 이동한 프레임에서 인물의 경

계가 마스크로 지정한 영역에서 벗어난 부분은 없는지 확인하고 벗어난 부분은 컨트롤 포인트를 드래그하여 이동시킨다. 한 프레임씩 플레이헤드를 이동시키며 인물의 움직임에 따라 변경된 부분을 컨트롤 포인트를 조절하여 수정해준다(마지막으로 Thoughtful 클립을 배경과 어울리는 위치로 크기와 위치를 조정해준다). 예제에서는 같은 장소에서 카메라가 고정된 상태로 인물이 있는 장면과 인물이 없이 배경만 찍힌 영상이 없어 인물을 Transform을 통해 이동, 축소/확대하여 배경과 어울리도록 배치하였다.

지금까지 파이널 컷에서 영상의 배경 속도를 다르게 만들어보았다. 잔상 효과를 만들기 위해 1프레임씩 작업하는 것은 번거로운 작업일 수 있다. 위의 방법 외에도 파이널 컷 프로에서 제공하는 효과를 적용하여 비슷한 결과를 만들 수 있다. Effects〉 Distortion〉 Trails를 활용하면 된다. Trails를 적용하여 잔상 효과를 만들어보자.

타임라인에 잔상 효과를 적용할 Cars 클립을 배치한다. Cars 클립의 앞뒤로 1초씩 잘라준 다음 가운데 Cars 클립에 속도를 1000%로 바꾼다. 가운데 Cars 클립 이름을 배경1로 바꾼다.

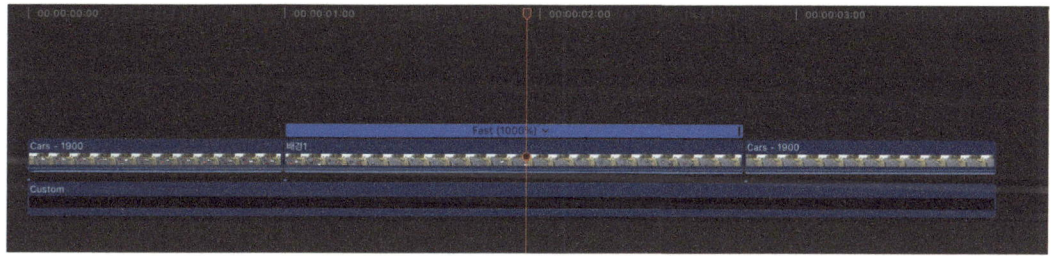

Effects〉 Distortion〉 Trails를 배경1에 적용한다. Video Inspector〉 Trails〉 Duration: 0.1, Echoes: 4를 입력한다.

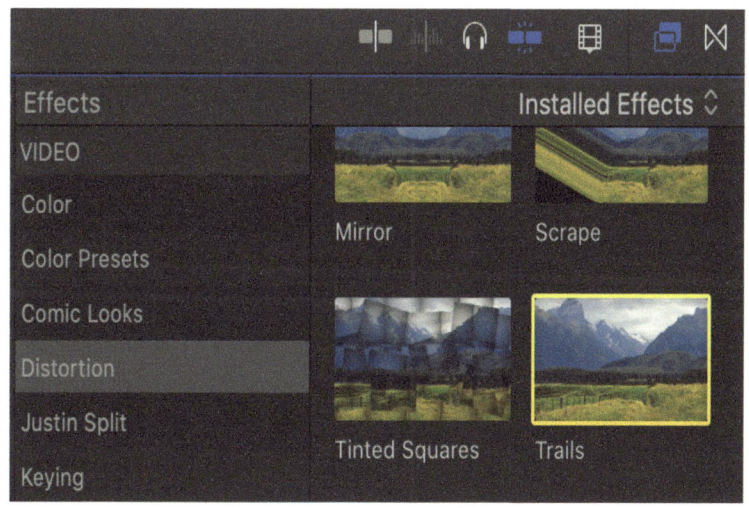

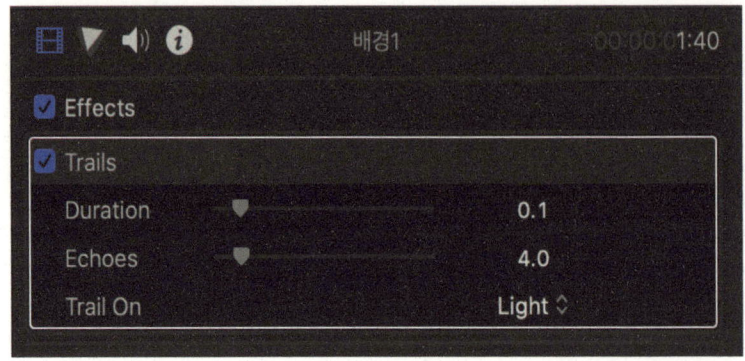

영상을 플레이해보면 1초까지는 정상 속도이다가 1초 이후 빠르게 플레이되며 잔상 효과가 남는 영상을 확인할 수 있다. 앞의 작업보다는 더욱 쉽게 잔상 효과를 만들 수 있으나 적용하는 클립에 따라 결과가 만족스럽지 않을 수 있다. 이외에도 템플릿으로 잔상 효과를 만들 수 있는 Motion Blur Effect를 무료 혹은 유료로 사용할 수 있다. 인터넷을 검색해보면 다양한 템플릿이 있으니 자신에게 맞는 방법을 선택하면 된다.

여기에서는 소스 영상의 길이가 짧아 영상의 속도를 1000%로 했으나 속도를 1600%나 2000% 정도로 조절하면 더 자연스러운 결과를 얻을 수 있다.

3. 선미(Sunmi) - 꼬리(Tail)

1) 뮤직비디오 영상 분석

선미의 "꼬리" 뮤직비디오에서는 강렬한 이미지를 연출하기 위해 흑백 화면 속에 특정 컬러를 강조하고, 한 사람이 동시에 여러 개의 거울 속에 나타나거나 그네를 타는 등의 장면을 보여주고 있다. 흑백 화면에서 특정 부분만 컬러로 표현하기, 영상 속도를 빠르게/느리게 만들기, 동일 인물이 그네 타고 여러 명 나타나는 장면, 동일 인물이 여러 개의 거울 속에 나타나는 장면을 만들어보자.

(1) 특정 컬러만 살리고 흑백으로 전환

뮤직비디오 0:36초에 흑백 화면에 입술만 컬러로 나오는 장면이 있다. 컬러로 촬영한 다음에 입술만 제외하고 다른 부분은 흑백으로 바꾼 영상이다.

(2) 거울 속에 동일 인물이 나타난다

뮤직비디오 1:36초 인물이 가운데 누워 있고 주변에 거울이 흩어져 있는데 거울 속에 인물이 보이는 장면이다.

(3) 한 화면에 동일 인물이 여러 명 그네 타기

뮤직비디오를 보면 32초에 줄 그네를 타는 장면이 나온다. 처음에는 한 명에서 3명, 6명까지 동일 인물이 같은 자세로 그네를 탄다. 한 사람이 그네를 타는 장면을 촬영하고 나머지는 동일 영상을 복사하여 붙여놓는 방법으로 편집한 것이다.

(4) 영상 속도 조절하기

뮤직비디오를 보면 38초에서 42초 사이에 움직임이 빨라졌다 느려지는 장면이 나온다. 인물의 심리를 표현하기 위해서 움직임의 속도를 느리게 하거나 빠르게 편집하였다. 영상의 속도를 조절하여 이 장면을 만들어보자.

2) 특정 컬러만 살리기

인물의 입술만 컬러로 남기고 다른 부분은 흑백으로 만들어보자. File〉 New〉 Event를 클릭해 "Tail" Event를 만든다. "Tail" Event에 File〉 New〉 Project를 클릭하고 Project Name "Tail"을 입력하고 OK를 누른다. 무료 다운로드 사이트에서 영상을 다운로드하여 임포트한다(예제로 사용된 파일은 Pixabay.com에서 Women-32387.mp4를 다운로드하여 사용하였다). Women 클립을 4초 길이로 스토리라인에 배치한다. option을 누르고 Women 클립을 드래그하여 두 번째 스토리라인에 복사한다.

Effect〉 Color〉 Black & White를 드래그하여 프라이머리 스토리라인에 있는 Women 클립에 적용한다(클립이 위아래로 두 개 놓여 있기 때문에 아래 클립에 Black & White 효과를 적용하여도 Viewer에서는 변화가 보이지 않는다).

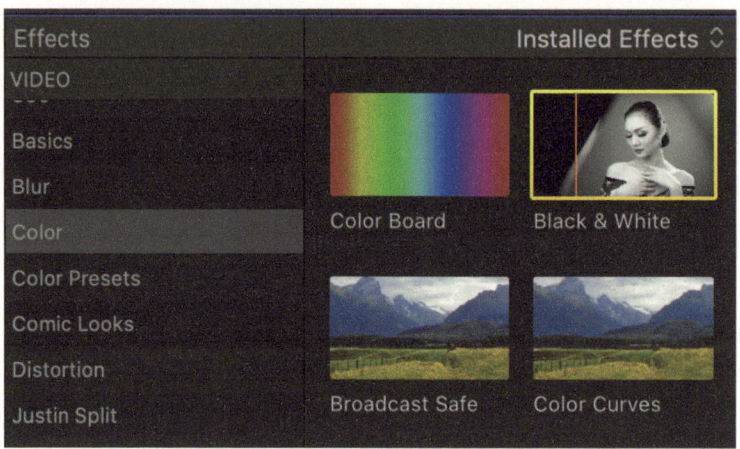

두 번째 스토리라인에 있는 Women 클립을 선택하고, Effect〉 Masks〉 Shape Mask를 클릭한 후 드래그하여 적용한다(입 주변과 얼굴색과의 경계를 없애기 위해서). Shape Mask의 핸들을 조정하여 입 주변을 선택한다.

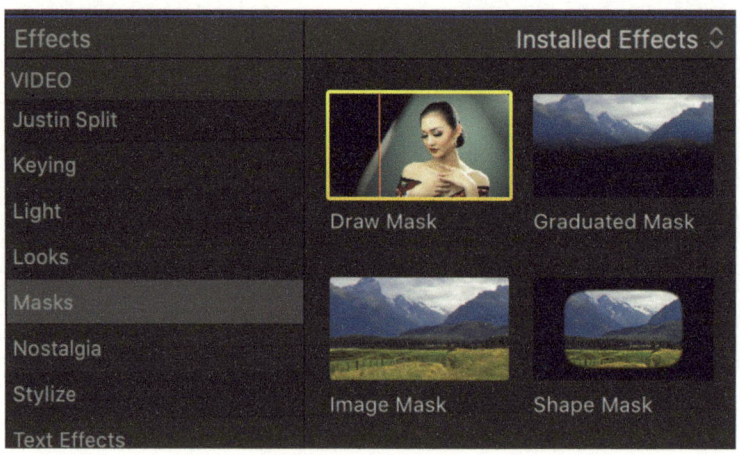

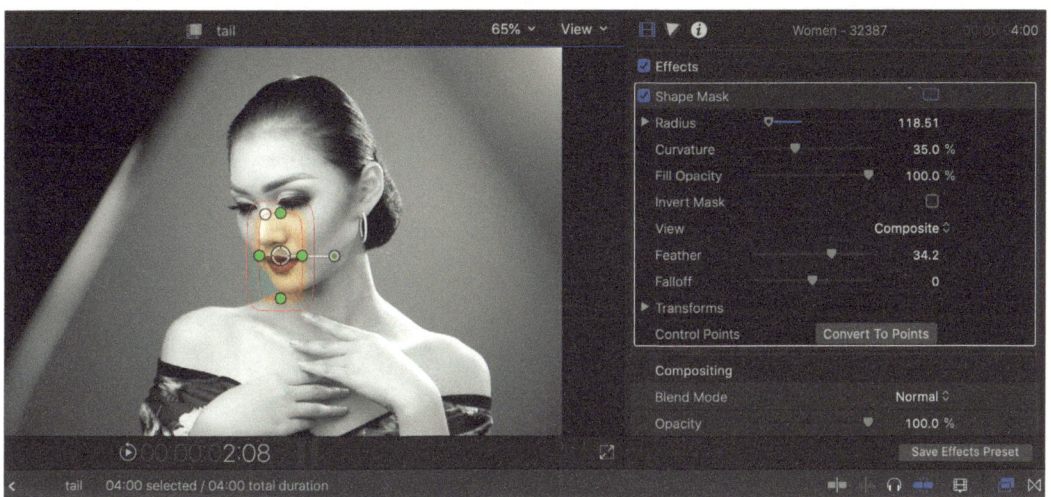

Inspector의 Color Inspector〉 +Hue/Saturation Curves를 클릭한다. Hue/Saturation Curves〉 Hue vs Sat 오른쪽의 스포이드를 선택하고 Viewer 창의 입술 색을 클릭한다. 세 개의 포인트가 생긴다. 맨 왼쪽의 포인트를 제외하고 다른 두 포인트를 아래로 내려 다른 색을 제거한다.

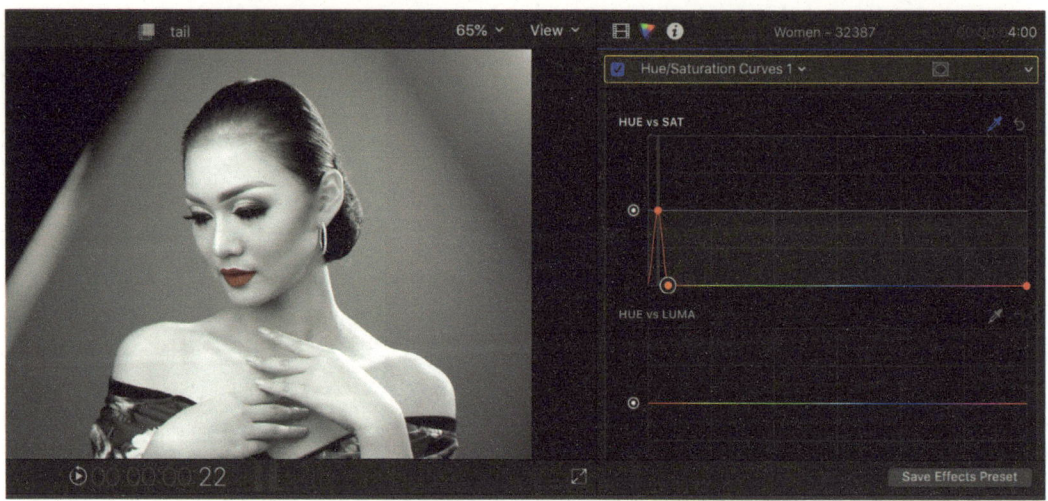

영상을 플레이하여 입술이 마스크를 벗어나는 지점은 없는지 확인하고 마스크를 조정해준다. 얼굴 전체를 선택하면 얼굴 볼 부분이 붉은 색으로 나타나기 때문에 이를 고려하여 마스크 영역을 조정해준다.

Shape Mask의 Feather와 FallOff 값을 조정하여 Mask의 경계가 자연스러워지도록 한다. 영상 속의 인물이 움직여 입술이 Mask 영역을 벗어나면 Mask 영역을 조절해줘야 한다. 플레이헤드를 Women 클립의 시작점에 두고 Shape Mask〉 Transform〉 Position, Rotation, Scale 오른쪽의 키프레임을 클릭해 시작점에 키프레임을 준다. 플레이헤드를 한 프레임씩 이동하며 Shape Mask의 영역이 입술을 벗어나지 않도록 Control Points를 이동해준다.

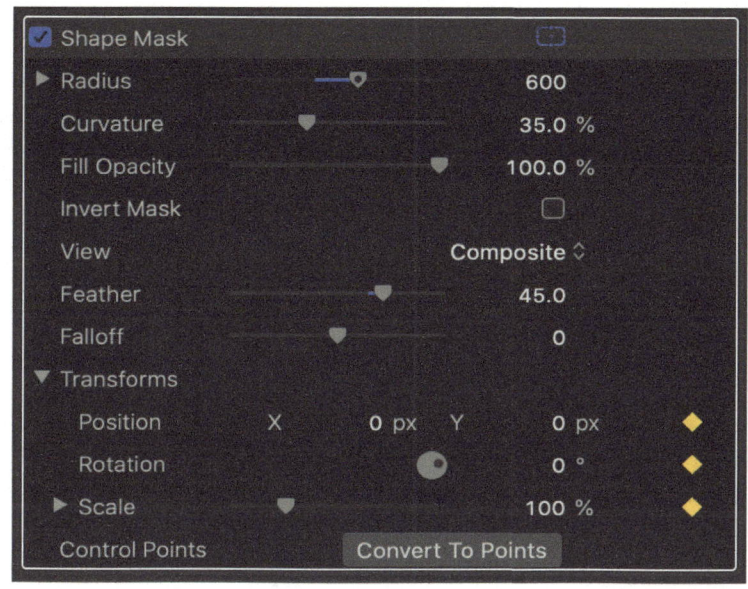

처음에는 전체가 컬러이다가 2초 후 입술만 컬러이고 다른 부분은 흑백으로 만들고 싶다면 다음과 같이 하면 된다. 타임라인에 있는 두 개 클립의 2초 부분을 Blade 툴로 잘라준다. 프라이머리 스토리라인의 클립과 두 번째 스토리라인의 클립 모두 자른다(선택 툴에서 Blade 툴을 선택하고 클립의 2초 지점을 클릭하여 클립을 자른다. 클립을 자른 후 다시 선택 툴을 선택해야 한다).

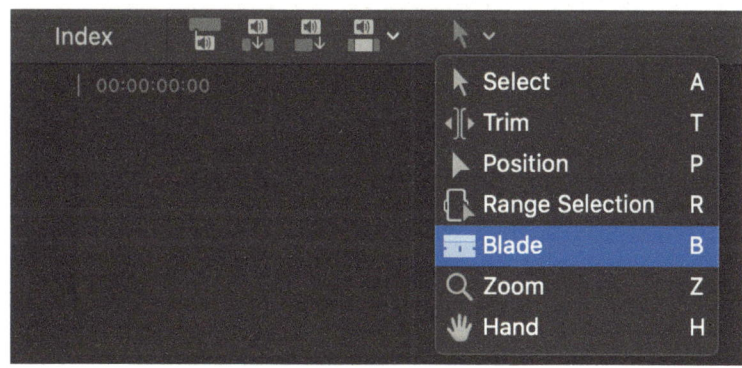

두 번째 스토리라인에 있는 클립의 앞부분을 선택하고 del키를 눌러 삭제한다.

프라이머리 스토리라인에 있는 Women 클립의 앞부분을 선택하고 Video Inspector의 Black & White 효과를 선택한 후 del키를 눌러 삭제한다.

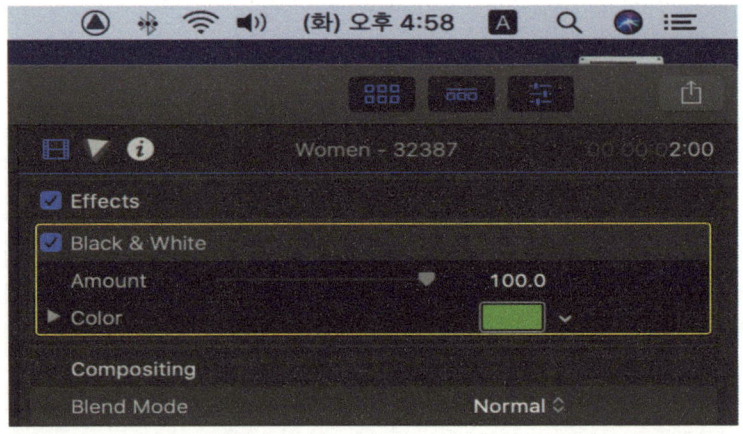

앞부분에 적용되었던 Black & White 효과가 삭제되면서 앞의 2초까지는 컬러로 보이던 영상이 2초 이후에는 입술만 컬러이고 나머지 부분은 흑백으로 바뀐다.

3) 거울 속에 동일 인물 나타나게 하기

거울 속에 동일 인물이 나타나게 만들어보자. "tail" Event에 "tail" 프로젝트를 만든다. 무료 다운로드 사이트에서 거울, 인물 파일을 다운로드하여 임포트한다(예제로 사용된 파일은 Pixabay.com에서 Women-32387.mp4, Mirror-frame-2407289_1920.jpg, railway-3634712_1920.jpg 를 다운로드하여 사용하였다. 거울 파일은 움직임이 없기 때문에 정지 이미지를 사용하였다). Women 클립을 4초 길이로 스토리라인에 배치한다. Women 클립에 option을 누르고 스토리라인 위로 드래그하여 복사한다. Women 클립을 하나 더 복사하여 같은 클립을 세 개 배치한다. railway 클립도 4초 길이로 배치한다(프라이머리 스토리라인부터 시작해서 Women, Women, Mirror-frame, Women, railway 순으로 배치한다).

맨 위에 있는 railway 클립을 선택하고 Viewer 창 왼쪽 아래 Transform을 클릭하여 거울의 위치와 크기를 인물의 오른쪽 위 끝으로 조정한다.

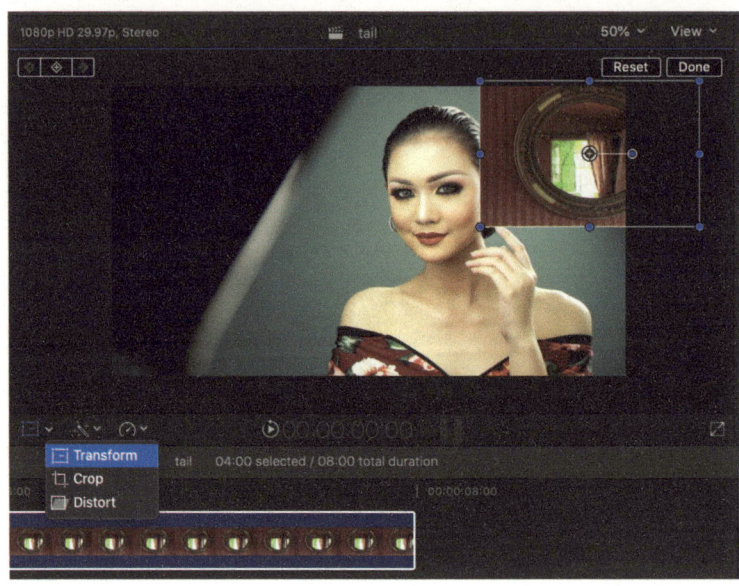

Effect〉Masks〉Shape Mask를 드래그해서 적용한다. Shape Mask의 포인트를 조절하여 거울의 크기와 같게 한다(거울 외부 영역이 제거되었다).

맨 위에 있는 railway 클립에 다시 Effect〉Masks〉Shape Mask를 드래그해서 효과를 적용한다. Invert Mask를 체크하고 포인트를 조절하여 거울 안 유리를 선택하도록 조절한다(거울 안의 영역을 제거하였다).

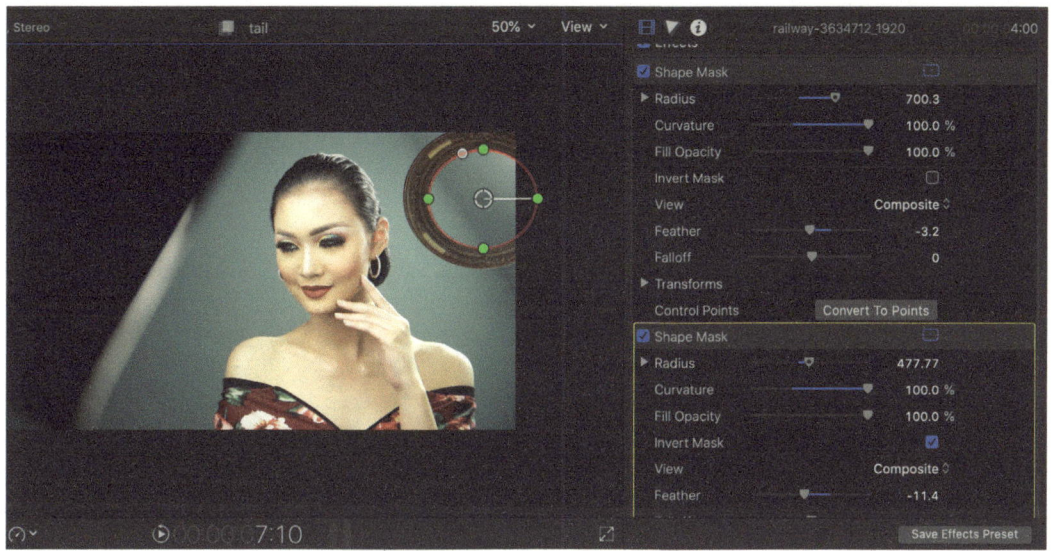

밑에서 네 번째 스토리라인에 있는 Women 클립을 선택하고 Viewer 창 왼쪽 아래 끝의 Transform을 선택해서 거울에 얼굴이 보이도록 크기와 위치를 조절해준다. Viewer 창 왼쪽 아래 끝의 Crop 〉 Trim을 선택하고 거울에 얼굴만 보이도록 잘라준다(Trim으로 거울 밖의 영역을 다 자르지 못하면 Women 클립에 Draw Mask를 적용하여 거울에 맞게 잘라줘야 한다).

세 번째 스토리라인의 mirror 클립을 선택한다. Viewer 창 왼쪽 아래 Transform을 클릭하여 거울의 위치와 크기를 인물의 왼쪽으로 조정한다.

Effect〉Masks〉Draw Mask를 드래그해서 효과를 적용한다. Draw Mask의 포인트를 조절하여 거울 안의 유리 크기와 같게 한다. Invert Mask 박스를 체크하여 거울 안이 마스킹되도록 한다(Mirror 클립은 거울 외부 영역이 투명이기 때문에 내부에만 Draw Mask를 적용하고 Invert Mask를 선택하였다).

두 번째 스토리라인의 Women을 선택하고 Viewer 창 왼쪽 아래 Transform을 클릭하여 거울의 위치와 크기를 인물의 왼쪽으로 조정한다. Viewer 창 왼쪽 아래 끝의 Crop〉Trim을 선택하고 거울에 얼굴만 보이도록 잘라준다.

영상을 플레이하면 인물의 좌우로 거울이 있고 그 거울에 동일 인물이 보인다. "꼬리" 뮤직비디오처럼 거울에 비친 인물이 동일 인물이지만 동작을 다르게 나타내고 싶으면 타임라인의 Women 클립을 복사해서 사용하지 않고 Women 클립을 미리보기 하여 동작이 다른 부분에서 In/Out점을 잡아 타임라인에 배치하면 된다. 인물이나 의상을 다르게 표현하고 싶으면 거울에 보이는 영상을 다른 것으로 준비하면 된다. 공포 영화에서 거울을 이용하여 많이 활용하는 효과이기도 하다.

4) 동일 인물 여러 명이 그네 타기

뮤직비디오를 보면 35초 지점에서 외줄 그네 타는 장면이 나온다. 이 장면을 만들어보자. 무료 다운로드 사이트에서 그네가 나오는 영상을 다운로드하여 임포트한다(예제로 사용된 파일은 Pixabay.com에서 Swing-42387.mp4를 다운로드하여 사용하였다). 그네가 겹치지 않고 하나씩 잘 보이는 지점에서 In/Out을 4초 잡아 타임라인의 프라이머리 스토리라인에 놓고 옵션 드래그하여 세 개를 복사한다.
타임라인의 클립을 선택하고 오른쪽 마우스를 클릭하고 메뉴의 Rename Clip을 선택하여 위에서부터 클립의 이름을 1, 2, 3, 4로 입력한다.

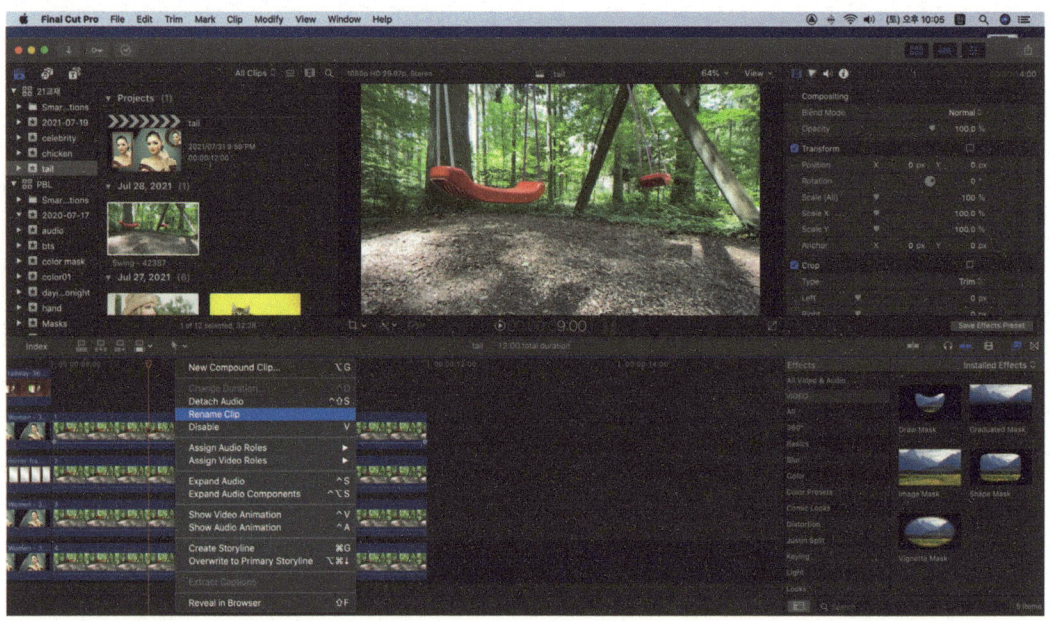

1번 클립을 선택하고 플레이헤드를 클립의 맨 앞에 놓는다.
Video Inspector〉 Crop〉 Left 1,200을 입력한다. 오른쪽의 키프레임을 클릭한다.

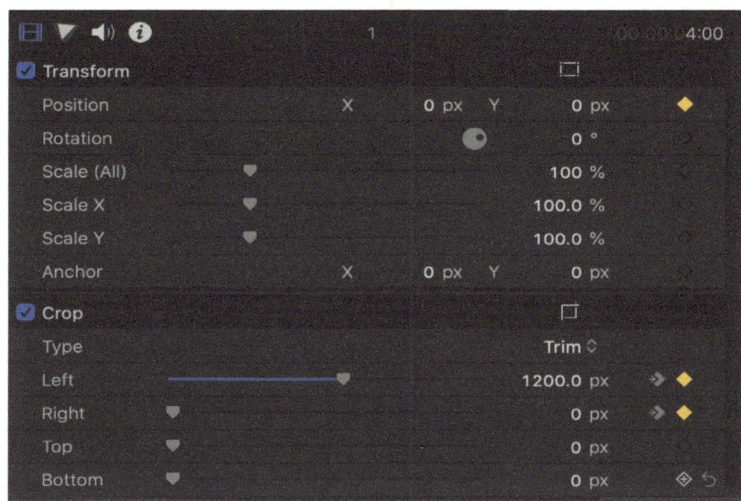

1번 클립을 선택한 상태에서 플레이헤드를 클립의 맨 뒤에 놓는다.

Video Inspector〉 Crop〉 Left 1,600

그네가 흔들리기 때문에 그네의 이동 방향에 따라 Crop 지점을 변경해야 다른 그네와 영상이 겹치지 않는다.

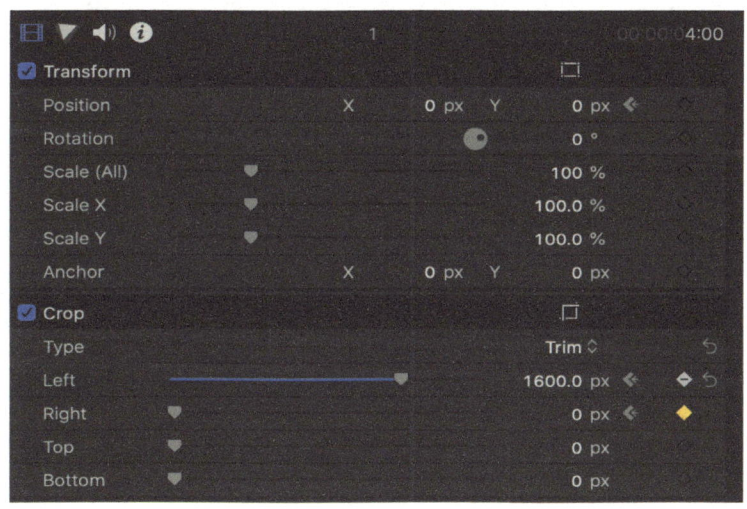

2번 클립을 선택하고 플레이헤드를 클립의 맨 앞에 놓는다.

Video Inspector〉 Position X: -600, Y: -150

Video Inspector〉 Scale 130

Video Inspector〉Crop〉Left 1,200을 입력한다. 오른쪽의 키프레임을 클릭한다.
2번 클립을 선택한 상태에서 플레이헤드를 클립의 맨 뒤에 놓는다.
Video Inspector〉Crop〉Left 1,600

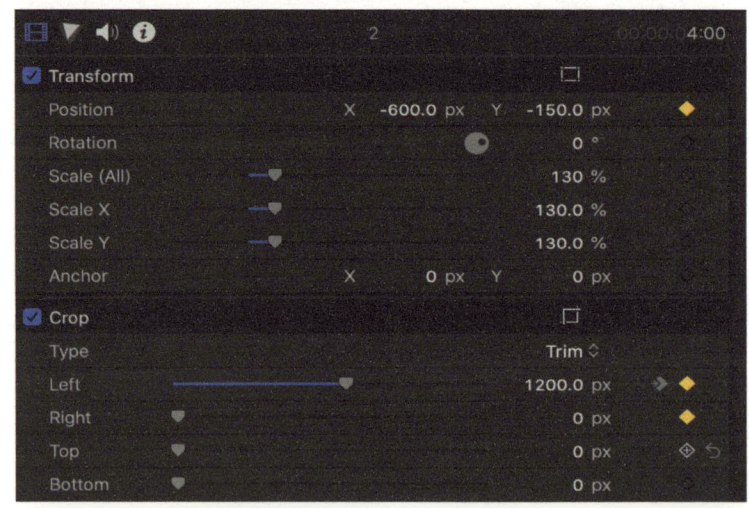

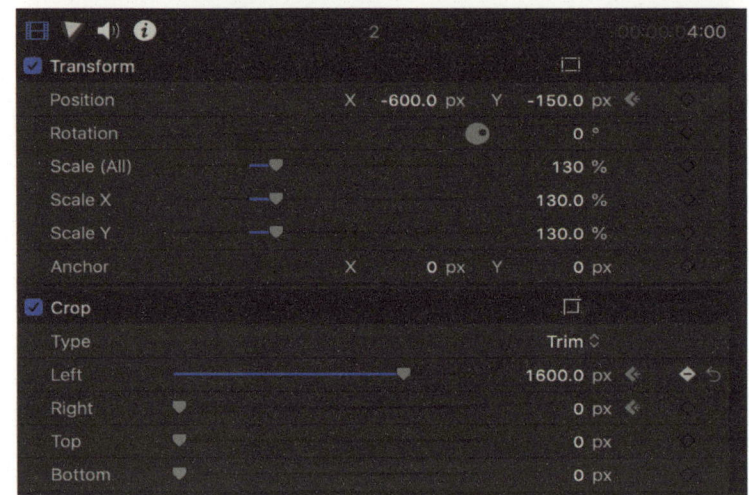

3번 클립을 선택하고 플레이헤드를 클립의 맨 앞에 놓는다.

Video Inspector〉Position X: -1,200, Y: -300

Video Inspector〉Scale 160

Video Inspector〉Crop〉Left 1,200을 입력한다. 오른쪽의 키프레임을 클릭한다.
3번 클립을 선택한 상태에서 플레이헤드를 클립의 맨 뒤에 놓는다.

Video Inspector〉 Crop〉 Left 1,650

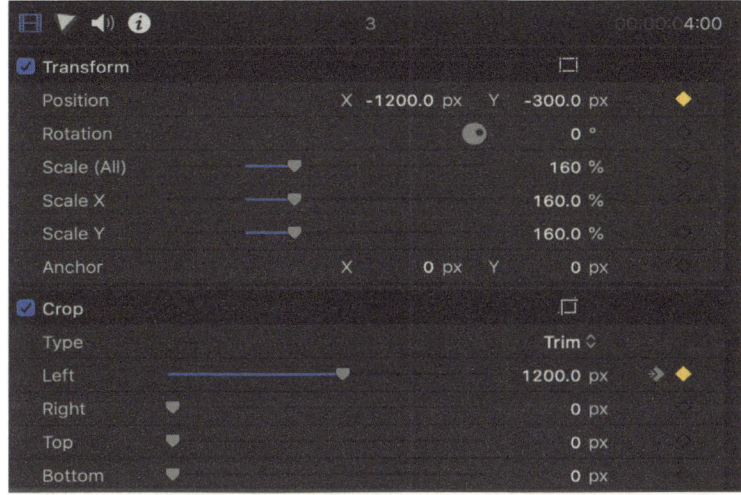

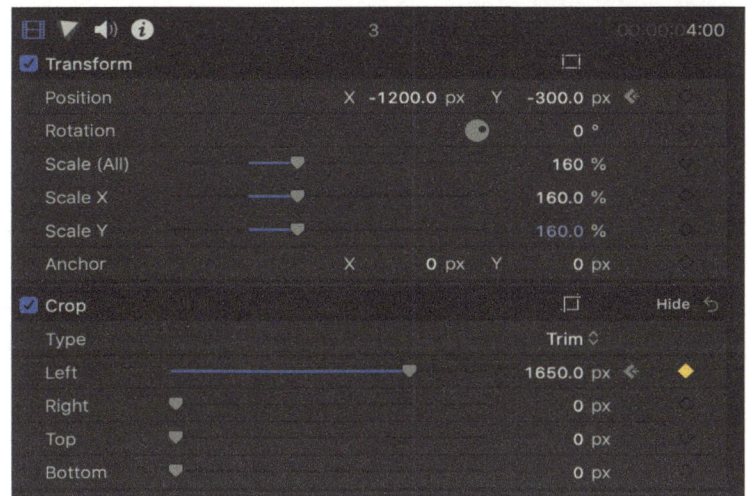

4번 클립을 선택하고 플레이헤드를 클립의 맨 앞에 놓는다.

Video Inspector〉 Position X: -1,800, Y: -450

Video Inspector〉 Scale 190

Video Inspector〉 Crop〉 Left 1,200을 입력한다.

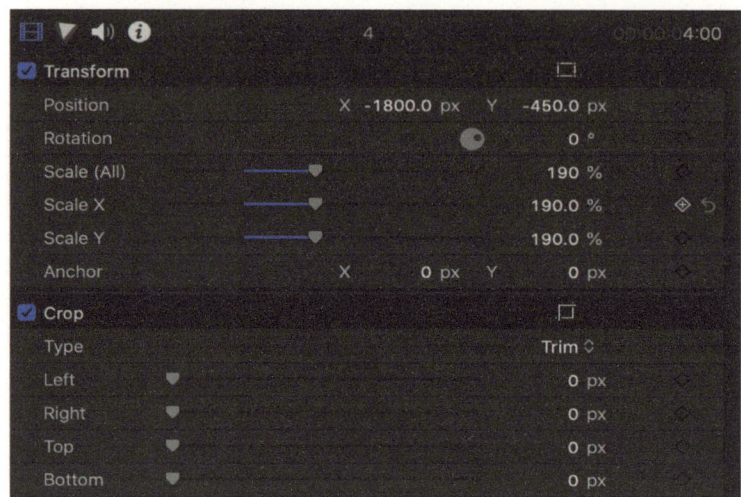

영상을 플레이하면 네 개의 그네가 동시에 왼쪽에서 오른쪽으로 이동한다. 왼쪽에서 오른쪽으로 갈수록 그네의 크기를 작게 하였다.

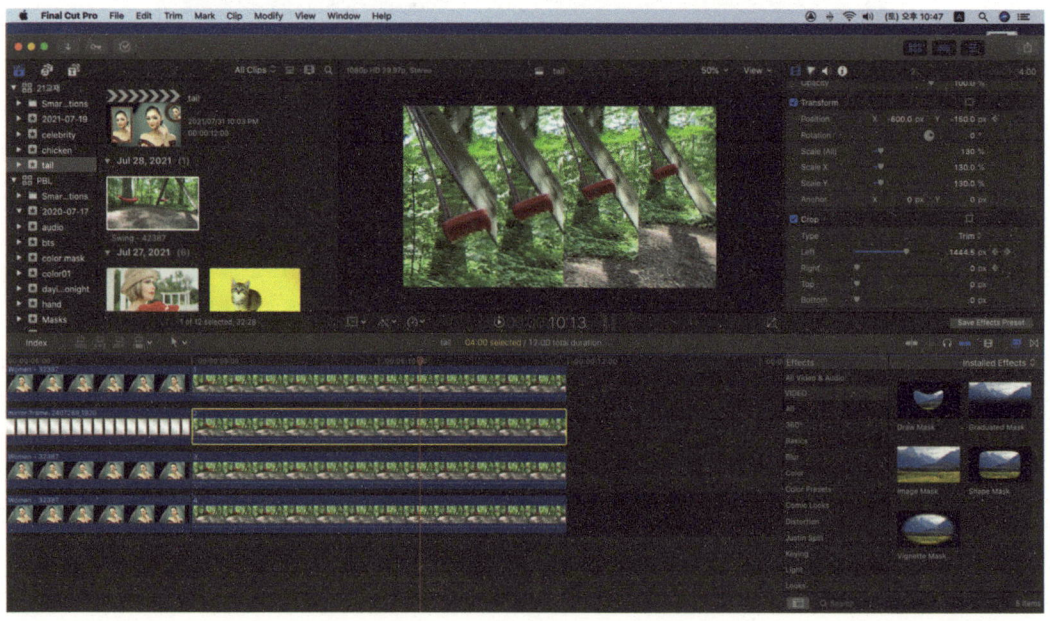

5) 영상 속도 조절하기

뮤직비디오를 보면 38초에서 42초 사이에 움직임이 빨라졌다 느려지는 장면이 나온다. 영상 속도를 조절하는 방법은 여러 가지가 있다. 영상의 속도를 조절하여 이 장면을 만들어보자. 무료 다운로드 사이트에서 속도 조절을 잘 보여줄 수 있는 영상을 다운로드하여 임포트한다 (예제로 사용된 파일은 Pixabay.com에서 Surfer-1306.mp4를 다운로드하여 사용하였다). 프로젝트의 타임라인에 클립을 배치한다.

플레이헤드를 클립의 1/3 지점(빠르게 만들고자 하는 지점)에 두고 Viewer 창의 왼쪽 아래 끝의 Speed Ramp > Blade Speed를 클릭하여 속도 조절할 수 있는 지점을 만든다. 플레이헤드를 클립의 2/3 지점(빠르게 움직이는 영상의 끝 지점)에 두고 Viewer 창의 왼쪽 아래 끝의 Speed Ramp > Blade Speed를 클릭하여 속도 조절할 수 있는 지점을 만든다. 클립의 윗부분에 연두색으로 Normal 100%라는 글자가 보인다. 구간이 세 개로 나뉘어 있다.

두 번째 구간 100% 옆의 화살표를 클릭하여 Custom을 클릭한다. Set Speed〉 Rate 1000%를(10배속) 입력한다.

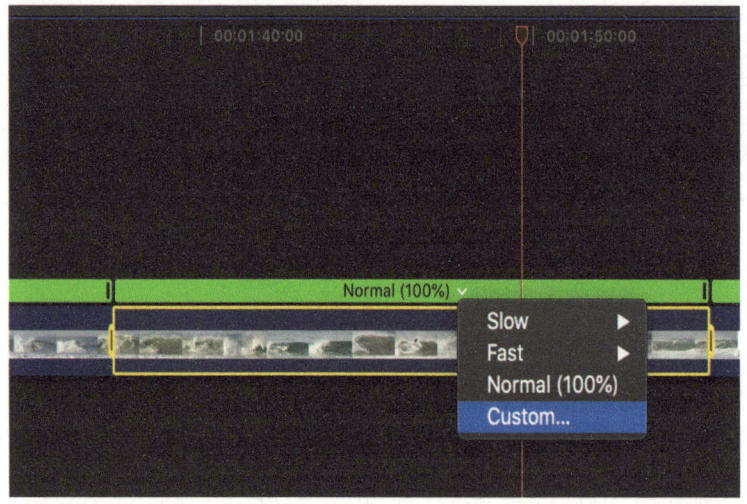

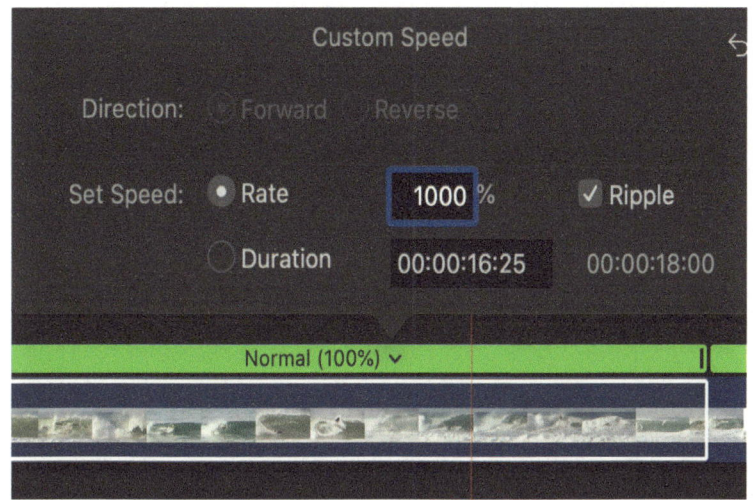

두 번째 구간의 속도가 빨라진 것을 확인할 수 있다. 두 번째 구간의 왼쪽에 핸들이 있다. 이 핸들을 드래그해서 오른쪽 왼쪽으로 이동하면 속도가 조정된다. 두 번째 구간에 1000%로 입력되었던 숫자가 변경되면서 영상 속도가 조정된다.

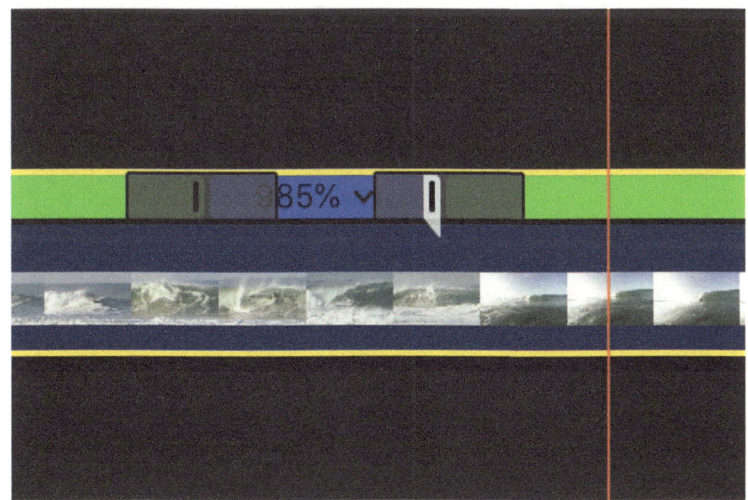

속도 조절 구간을 조정하고 싶다면 속도 조절 구간의 끝부분을 더블클릭한다. Speed Transition이 나타난다. Source Frame: Edit를 클릭한다. 비디오 모양의 아이콘이 나타난다. 이 아이콘을 왼쪽 오른쪽으로 당기면 쉽게 배속 조정 구간을 확장, 축소할 수 있다. 속도 조절 구간의 앞부분을 더블클릭해도 Speed Transition〉 Source Frame: Edit를 클릭하여 배속 조정 구간을 변경할 수 있다. 이 방법을 이용하면 간편하게 부분 속도 조정을 할 수 있다.

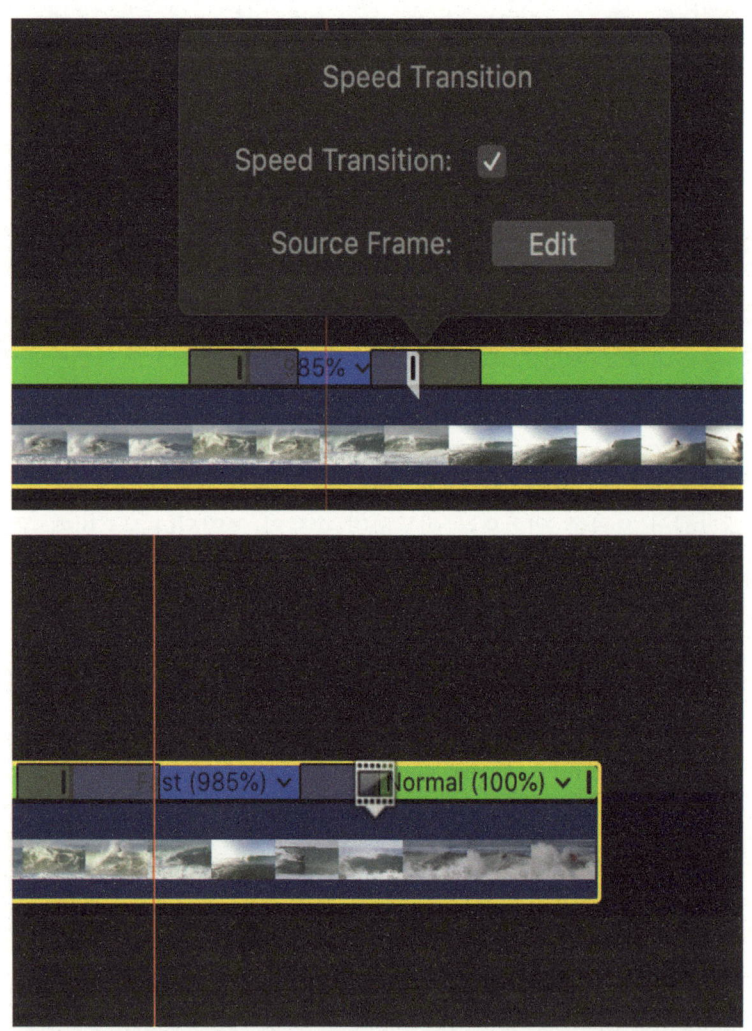

좀 더 쉽게 뒷부분을 느리게 하고 싶다면 뒷부분에서 속도 조절 구간의 화살표를 클릭하고 Slow〉 50%를 클릭하면 속도가 50%로 느려진다.

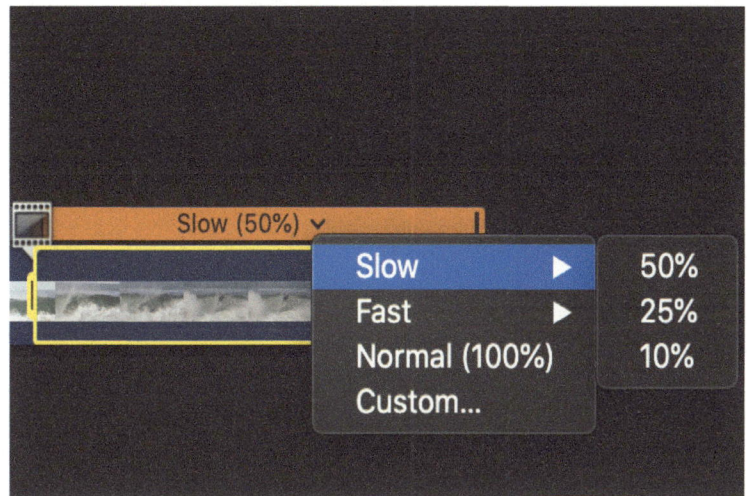

영상을 플레이하면 100%의 속도로 플레이되다가 빨라지고 다시 느려지는 것을 확인할 수 있다.

4. 아이유(IU) - 셀러브리티(Celebrity)

1) 뮤직비디오 영상 분석

아이유의 "Celebrity" 뮤직비디오에서는 현실과 환상을 넘나드는 내용을 표현하기 위해 몽환적인 효과를 많이 사용하였다. 왼손으로 쓴 듯한 글씨가 한 자씩 나타나는 타이틀, 비 오는 밤 도시의 불빛이 차례로 꺼지는 장면, 현실과는 다른 자신의 모습을 표현하기 위해 뽀샤시 효과를 편집해보자.

(1) 타이틀 Celebrity가 한 자씩 나타나게 하기

검은 화면에 왼손으로 쓴 듯이 삐뚤빼뚤한 글씨체로 타이틀 Celebrity가 한 자씩 나타나며 뮤직비디오가 시작된다.

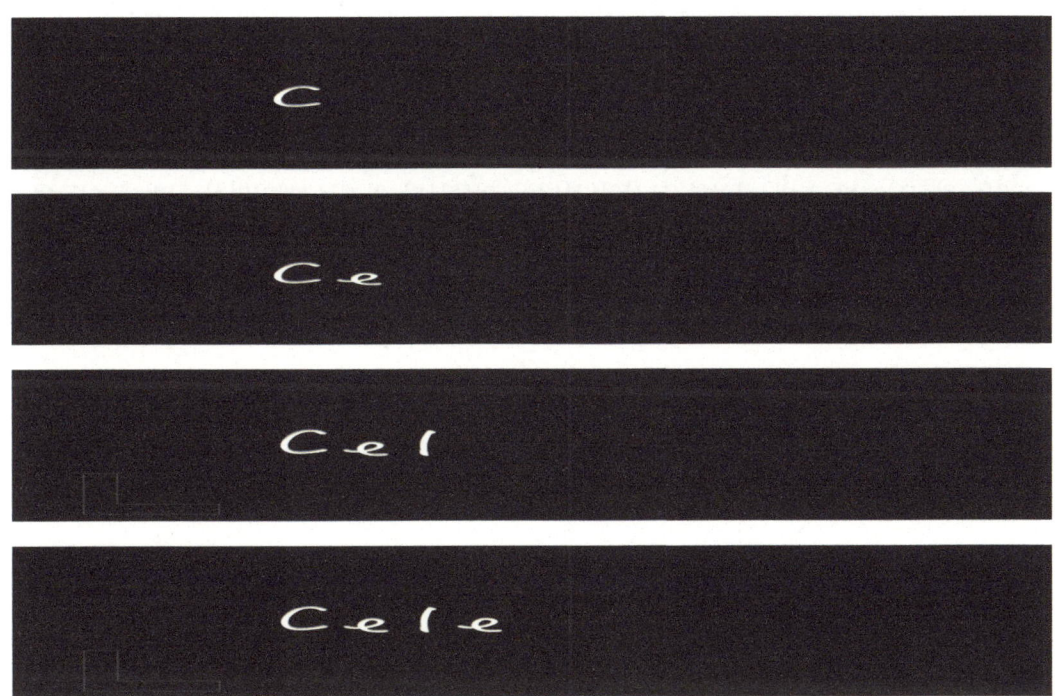

(2) 도시의 야경이 차례로 꺼지는 장면

1:20초 비 오는 밤 창밖 화려한 도시의 불빛이 왼쪽부터 차례로 꺼지면서 창밖이 어두워지는 장면이 나온다. 불 꺼진 창가에 빗방울 자욱이 선명해진다.

(3) 영상의 뽀샤시 효과

현실과 구분되는 상상이나 꿈속의 장면을 표현하기 위하여 현실은 뚜렷하게, 상상은 몽환적으로 연출하고 있다. 뽀샤시 효과는 과도한 노출과 블러 효과를 적용하여 만들 수 있다. Celebrity 뮤직비디오에서는 상상 속 장면에서 블러와 노출을 활용하여 인물을 뽀샤시하게 표현하고 있다. 몽환적이며 소녀적 감성을 표현하기 위해 영상 전체에 이런 효과를 적용하기도 한다.

Celebrity 뮤직비디오에서는 현실과 상상을 대비하기 위해 부분적으로 적용하였다. 0:23초 거울을 보는 인물의 몽환적인 느낌을 표현하기 위해 파스텔 컬러와 노출, 블러 등의 효과를 적용하고 있다. 이러한 효과는 뮤직비디오 여러 장면에서 활용되고 있다.

2) 텍스트가 한 자씩 나타나게 하기

아이유의 "Celebrity" 뮤직비디오에서는 타이틀이 한 자씩 순서대로 나타난다. 텍스트가 한 자씩 나오는 영상을 편집해보자. 새로운 File〉 New〉 Event를 클릭하고 Event Name Celebrity를 입력하고 OK를 클릭한다. File〉 New〉 Project를 클릭하고 Project Name Celebrity를 입력하고 OK를 클릭한다. 타임라인에 Generators〉 Solids〉 Custom을 드래그해서 스토리라인에 배치한다.

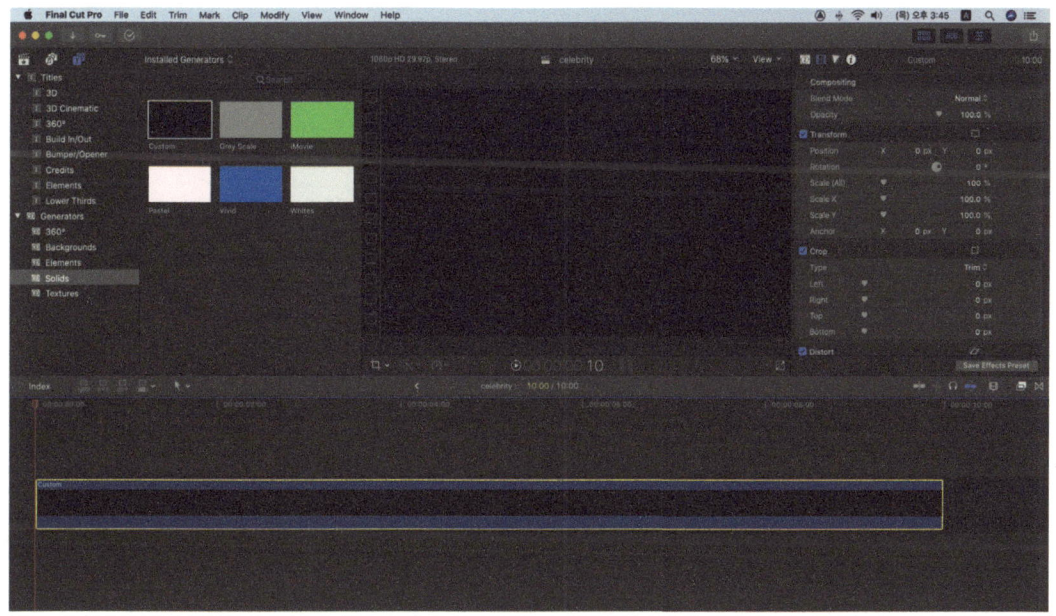

플레이헤드를 1초에 놓고 Titles 〉 Build In/Out 〉 Custom을 드래그하여 타임라인 플레이헤드 지점에 텍스트를 삽입한다. 타임라인에 삽입된 Title Custom을 선택하고(클릭) 화면 위 오른쪽의 Text Inspector를 클릭하여 아래와 같이 입력한다.
Text: C, Font: HanziPen TC, Size: 200
Video Inspector〉 Transform〉 Position X: -400, Y: -100을 입력하여 텍스트의 위치값을 바꾸어준다.

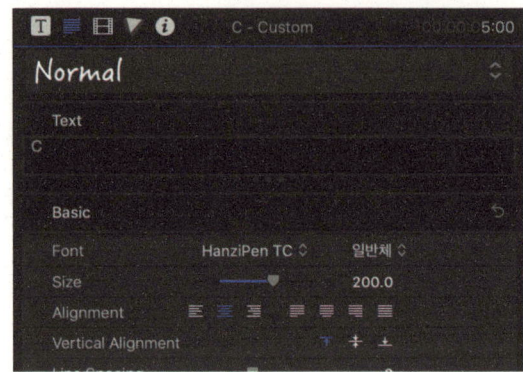 

키보드의 오른쪽 화살표를 다섯 번 눌러 플레이헤드를 5프레임 오른쪽으로 이동한다. Titles > Build In/Out > Custom을 드래그하여 타임라인 플레이헤드 지점에 텍스트를 삽입한다. 타임라인에 삽입된 Custom을 선택하고(클릭) 화면 상단 오른쪽의 Text Inspector를 클릭해서 아래와 같이 텍스트를 입력한다.

Text: e, Font: HanziPen TC, Size: 200

Video Inspector> Transform> Position X: -300, Y: -100

위의 방법으로 C, e, l, e, b, r, i, t, y를 만들고 Text Inspectors를 동일하게 하고 Video Inspector> Transform> Position X값을 각각 -200, -100, 0, 100, 200, 300, 400, Y: -100 을 입력한다. 플레이헤드를 3초 지점으로 이동하고 텍스트의 끝을 플레이헤드에 맞추어 텍스트가 5프레임 간격으로 나타나게 한다.

Text Inspectors의 X, Y값을 조절하여 글자 사이의 간격을 바꿀 수 있다.

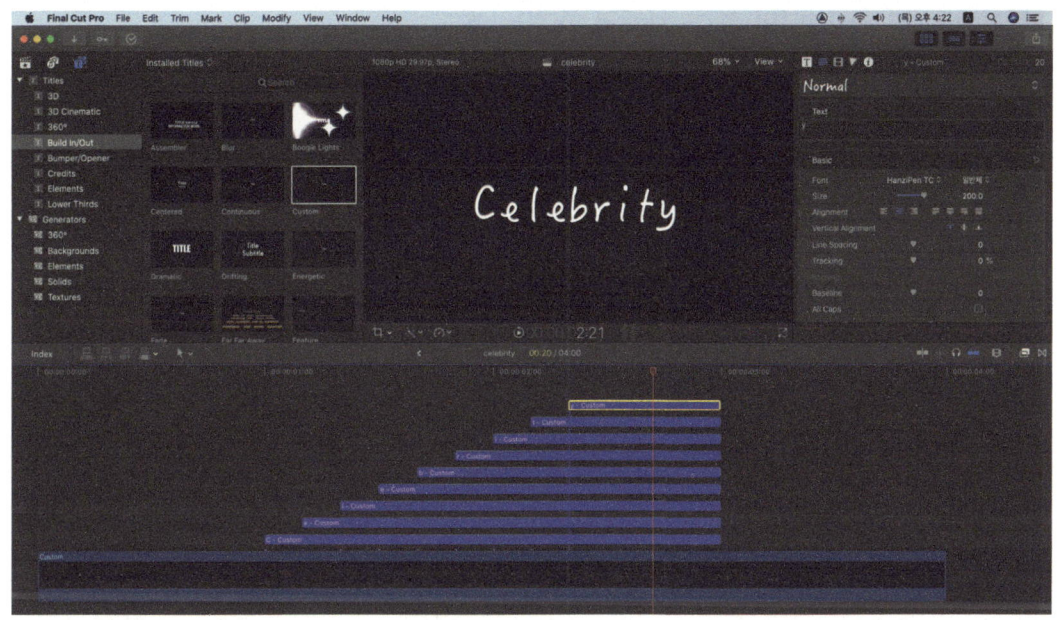

플레이하면 검은 화면이 1초 지나고 타이틀이 한 자씩 나타나다가 3초 지점에서 사라진다. 글자를 천천히 나타나게 하려면 글자 사이의 배치 간격을 늘리면 된다(ex: 5프레임에서 10프레임으로). 완성된 결과를 확인하고 글자의 크기, 글자 간격, 글자의 등장 간격 등을 조절한다.

3) 창밖 야경 속 빌딩의 불이 차례로 꺼지는 효과

창문 밖 빌딩의 불빛이 차례로 꺼지는 영상을 만들어보자. 앞에서 타이틀을 작업했던 프로젝트 뒤에 이어서 작업하자(새로운 프로젝트를 만들어 편집해도 된다). 도시 야경과 창문이 있는 파일을 임포트한다(예제로 사용된 도시 야경 파일은 Pixabay.com에서 Bridge-965076.jpg 파일을 다운로드하여 사용하였다. 창문 파일은 정지된 장면이기 때문에 동영상 파일이나 이미지 파일 모두 사용해도 된다. 창문이 있는 영상 Window.mov 파일은 스마트폰을 사용해 촬영하여 사용하였다).

타임라인에 Bridge-965076을 배치한다. 그 위에 Window 클립을 배치한다. 각각 4초로 길이를 조절한다.

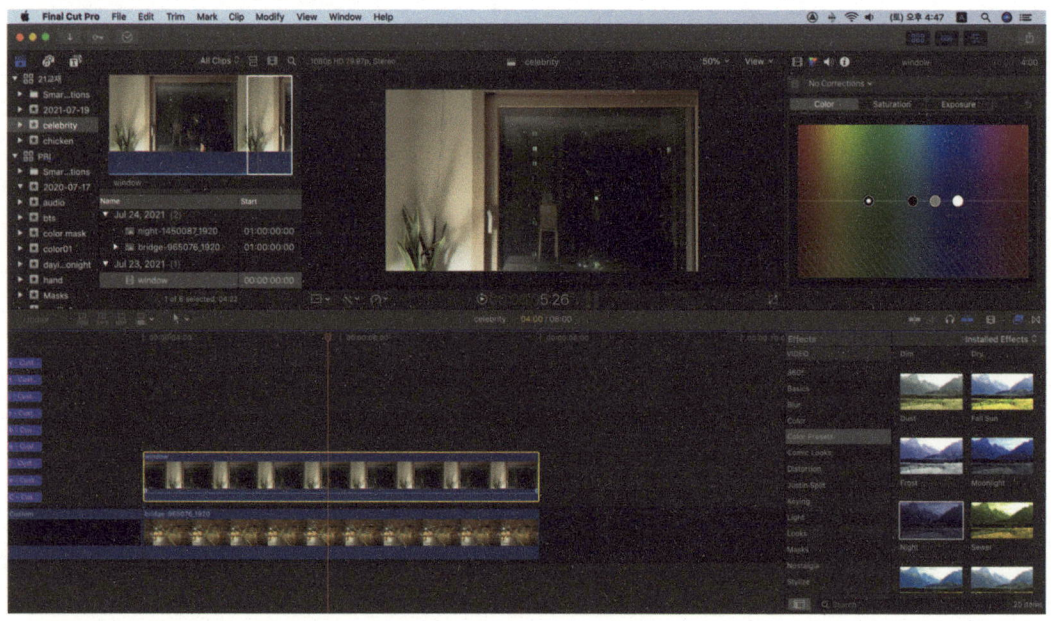

Effects〉 Masks〉 Draw Mask를 Bridge 클립에 드래그해 적용한다. 마우스 포인트가 펜툴 모양이 된다. 펜툴을 이용해 창 유리 모양을 딴다(Draw Mask 마지막은 반드시 폐쇄된 상태로 마무리해야 한다). Video Inspector〉 Effects〉 Draw Mask〉 Invert Mask 옆의 상자를 체크하여 선택한 영역을 반전시킨다. 창문 안이 마스킹되면서 밑의 영상이 보인다(창문으로 도시의 야경이 보인다).

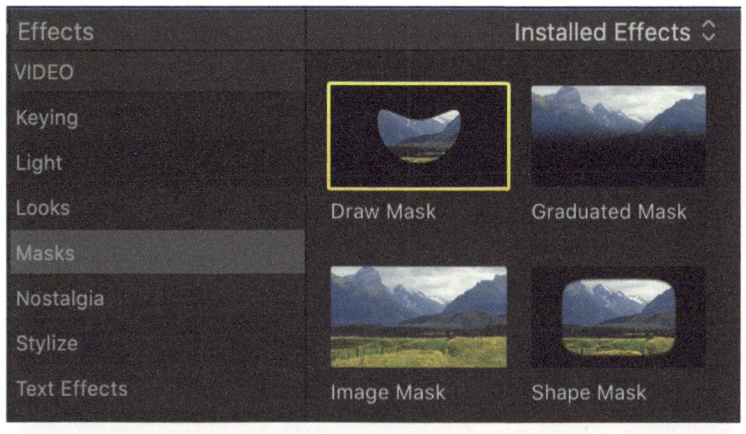

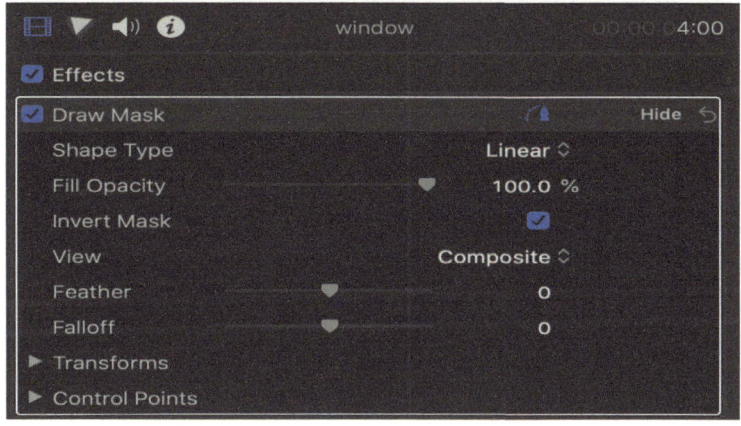

타임라인의 Bridge를 선택하고 Viewer 창 왼쪽 아래의 Transform을 선택해서 창문에 맞게 이동 확대하여 배치한다. Bridge 클립은 강물과 거리, 거리의 야경이 있는 영상이다. 예제에서 건물의 불빛이 꺼지는 장면을 만들기 위해 거리와 강물은 보이지 않고 건물만 보이도록 건물을 중심으로 확대하고 이동시켰다.

타임라인에서 Bridge를 선택하고 키보드의 option 키를 누르고 위로 드래그하면 Bridge 클립이 복사되어 붙는다. 같은 과정을 반복하여 Bridge 클립을 3개 복사하여 위에 배치한다. 복사한 클립을 1초 간격으로 배치한다(프라이머리 스토리라인의 Bridge가 4초부터 시작하기 때문에 5초, 6초 7초 지점으로 시작점을 조절하였다). 예제에서는 불빛이 1초 간격으로 꺼지게 배치하였다. 불빛이 빨리 꺼지게 설정하고 싶으면 클립의 배치를 10~15프레임 간격으로 하면 된다. 모든 클립의 끝을 프라이머리 스토리라인 Bridge의 끝에 맞춘다.

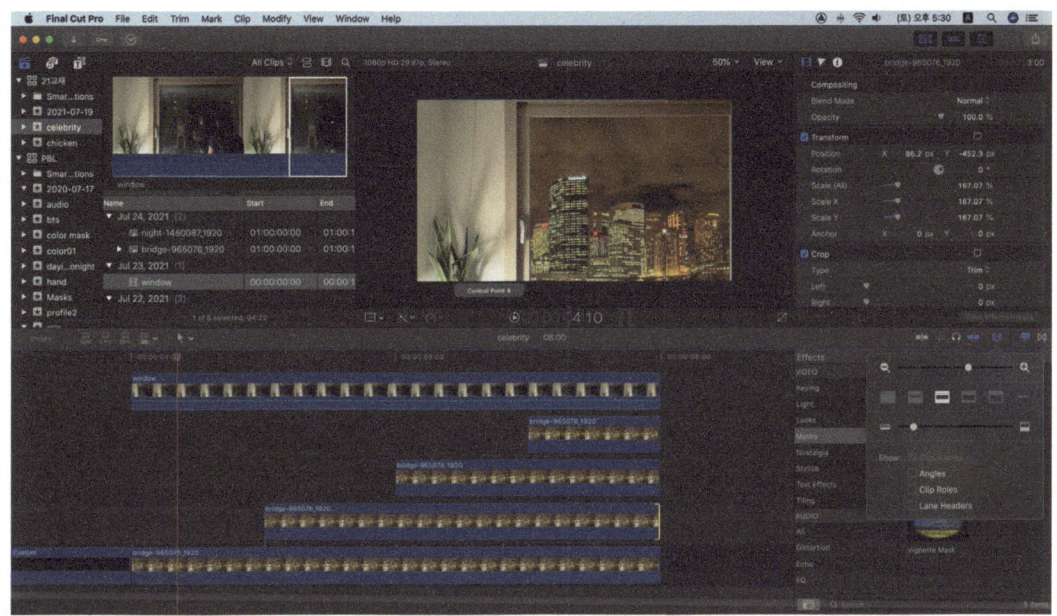

두 번째 스토리라인에 있는 Bridge를 선택하고 Effects〉Masks〉Draw Mask를 Bridge 클립에 드래그해 적용한다. Draw Mask 펜툴로 왼쪽 1/3 지점에 있는 빌딩의 라인을 딴다. 세밀하게 하기 위해서 화면을 확대하여 작업하는 것이 좋다. 다각형이 완성된 후에 수정하고 싶으면 포인트 컨트롤을 드래그하고, 포인트를 추가하고 싶으면 option을 누르고 선을 클릭하면 포인트가 생긴다. 포인트를 지우고 싶으면 지우고 싶은 포인트를 선택하고 오른쪽 마우스를 누르면 delete Point 할 수 있다.

Effects〉Color Presets〉Night를 두 번째 스토리라인의 Bridge 클립에 드래그하여 Night 효과를 적용한다. 마스크로 선택한 부분만 어두워진다.

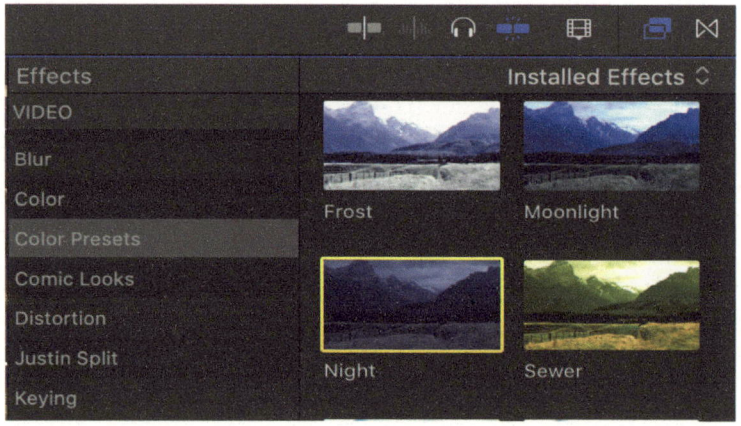

적용된 Night 효과는 Video Inspector〉 Effects〉 Color Board1을 클릭하여 수정할 수 있다. Color Board1을 클릭하면 Color, Saturation, Exposure 값을 변경할 수 있다. Viewer 창을 확인하며 값을 조절하여 원하는 밝기로 만들어보자(적용된 값을 변경하였다면 세 번째, 네 번째 스토리라인에 있는 Bridge 클립에도 같은 값을 적용해야 한다). 여기서는 값을 조절하지 않고 기본값을 그대로 사용하였다. 세 번째, 네 번째 스토리라인에 있는 Bridge 클립에도 Mask와 Night 효과를 적용한다. 세 번째 스토리라인의 클립은 Mask로 가운데 빌딩 부분, 네 번째 스토리 라인의 클립은 오른쪽 빌딩 부분을 드로잉한다.

빌딩의 불이 꺼지면서 밤하늘도 어두워지는 것을 만들어보자. 스토리라인의 가장 밑에 있는 Bridge 클립을 선택하고 플레이헤드를 7초 지점에 놓는다(네 번째 스토리라인에 있는 Bridge 클립의 빌딩이 어두워지면서 밤하늘도 어둡게 표현하려고 한다). 툴바에서 Blade 툴을 선택하고 맨 밑의 Bridge 클립의 7초 지점을 클릭해 클립을 자른다.

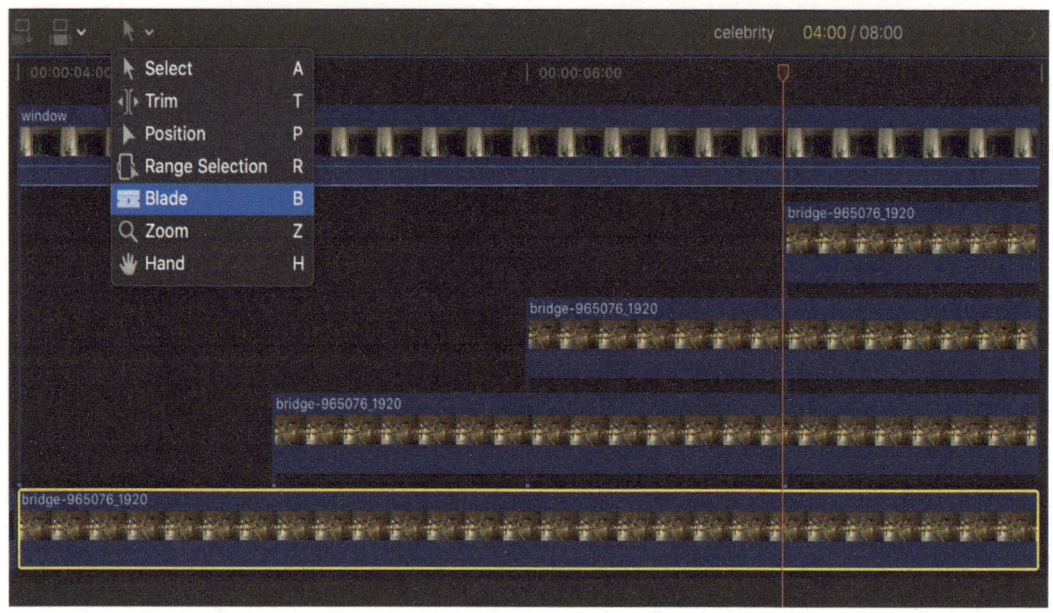

Effects〉 Color Presets〉 Night를 맨 밑 첫 번째 스토리라인의 Bridge 클립 뒷부분에 드래그하여 Night 효과를 적용한다. 빌딩이 왼쪽부터 차례로 어두워지며 마지막 빌딩 부분이 하늘과 함께 어두워진다.

뮤직비디오처럼 창밖으로 비가 와서 창문에 빗방울이 흘러내리는 것을 추가해보자. 무료 다운로드 사이트에서 빗방울이 흘러내리는 Green screen 파일을 다운로드하여 임포트한다(예제로 사용된 도시 야경 파일은 Pixabay.com에서 Condensation.mp4 파일을 다운로드하여 사용하였다. Rain Green Sreen 등을 검색해 적절한 파일을 선택해 사용하면 된다). Condensation 클립을 window 클립 밑에 배치한다. 클립의 시작과 끝을 window 클립에 맞춘다.

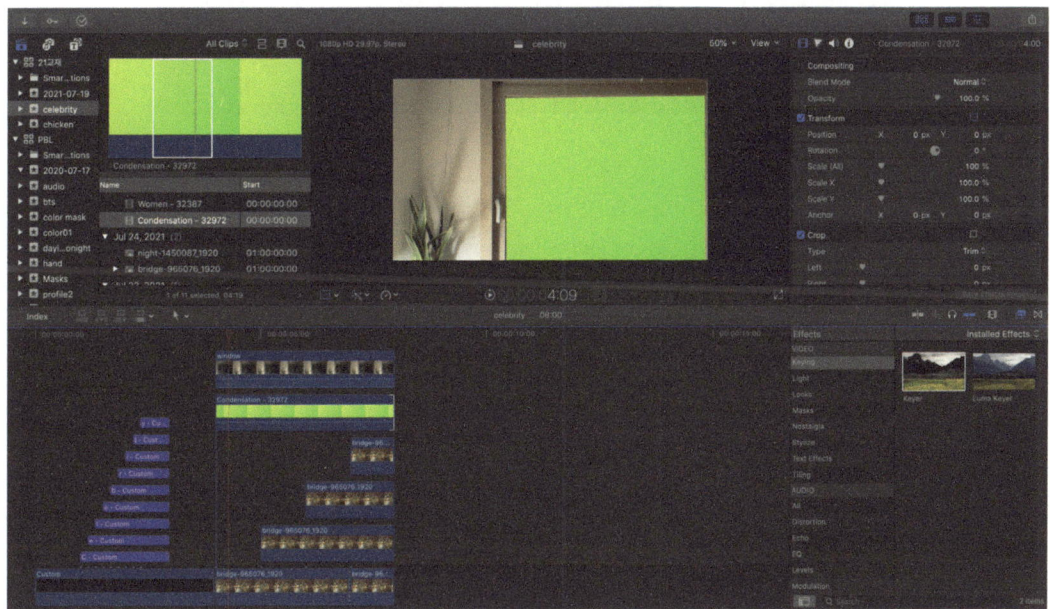

Effects〉 Keying〉 Keyer를 스토리라인의 Condensation 클립에 드래그하여 Keyer 효과를 적용한다. Viewer 창의 연두색이 사라지고 건물이 보인다.

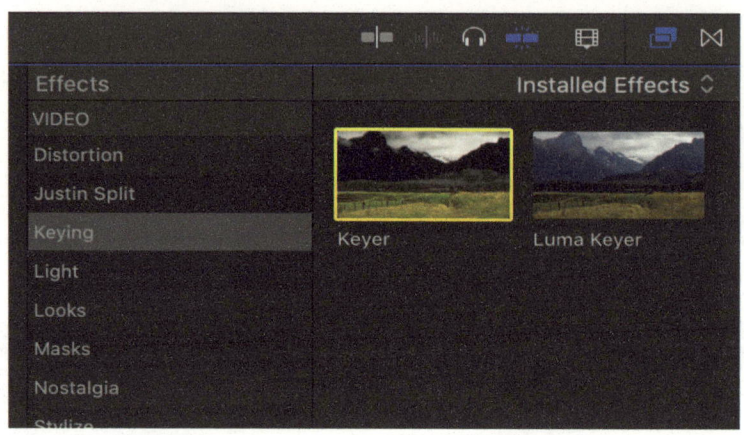

Viewer 창 왼쪽 아래 Transform을 선택하고 빗물이 창에 잘 보이도록 크기와 위치를 조절한다. 영상을 플레이하면 빗물이 흘러내리는 창밖으로 건물이 차례로 어두워지는 것을 확인할 수 있다(좀 더 자연스럽게 작업하려면 Color Board를 조절해주면 된다. Color Board를 이용한 작업은 책의 다른 부분에서 다루고 있으니 참고하기 바란다).

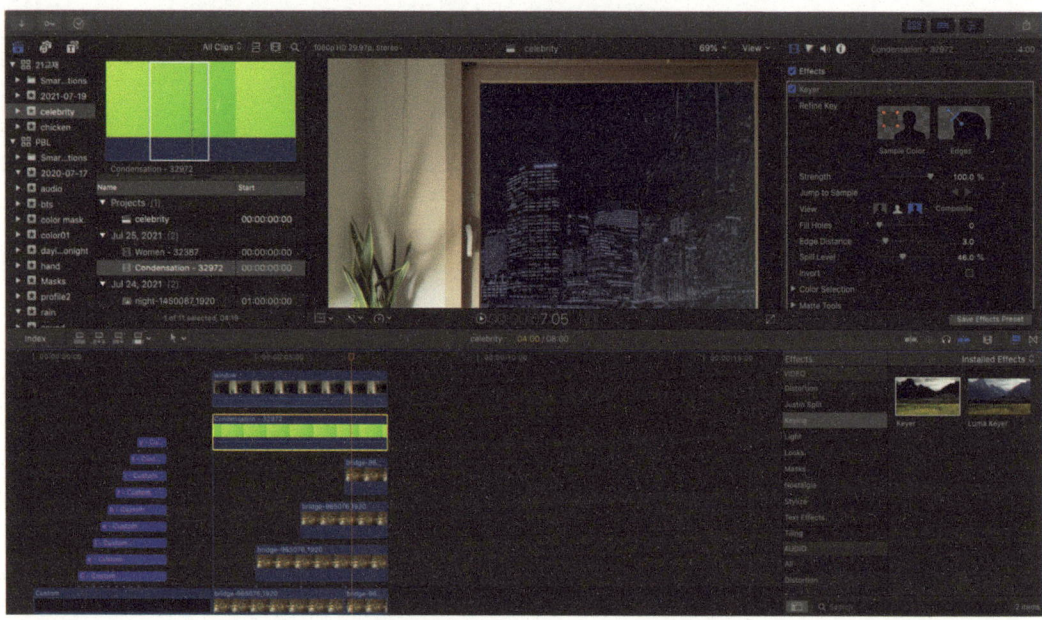

4) 뽀샤시 효과

영상 속의 인물이 부드럽게 빛이 나는 효과를 만들어보자. 화면에서 전체적으로 부드럽게 반짝거리는 효과를 뽀샤시 효과라고 한다. 화면의 인물이 예쁘게 빛나 보이는 효과라고 할 수 있다. 앞에서 작업했던 프로젝트의 뒤에 이어서 작업하자(새로운 프로젝트를 만들어 편집해도 된다). 타임라인에 인물 중심의 클립을 4초 길이로 배치한다(예제로 사용된 파일은 Pixabay.com에서 Woman-32387.mp4 파일을 다운로드하여 사용하였다). option을 누르고 Woman 클립을 위의 스토리라인으로 드래그해서 복사한다.

두 번째 스토리라인에 배치한 클립에 Blur 효과를 적용하자. Effects〉Blur〉Gaussian을 드래그해 효과를 적용한다. Gaussian의 Amount를 30으로 조절한다.

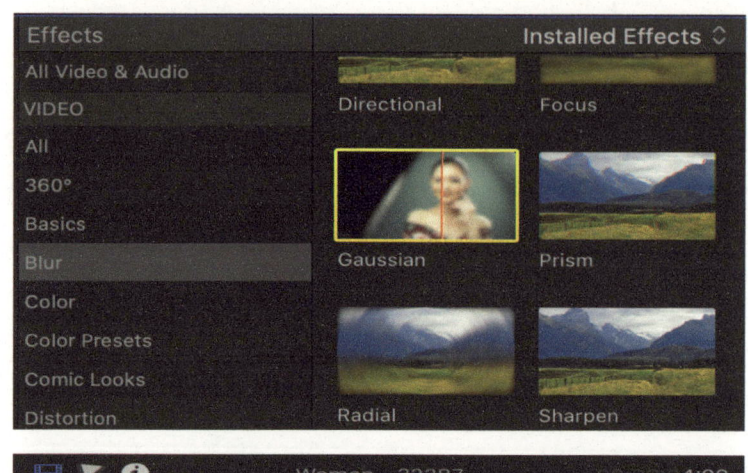

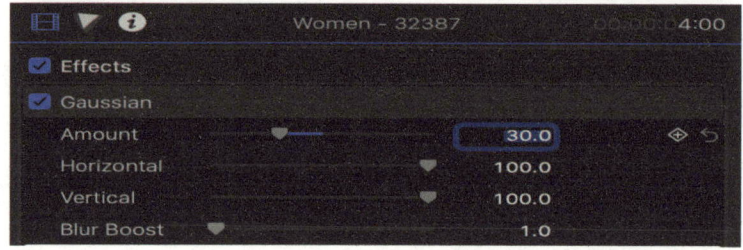

Video Inspector〉 Compositing〉 Blend Mode〉 Screen으로 설정한다. 아래 이미지와 합성되어 영상이 밝아진다. Screen은 어두운 부분은 줄이고 밝은 부분은 합쳐서 화면이 밝아지는 효과를 가져온다.

Screen으로 화면이 너무 밝아졌으므로 밝기를 조절해야 한다. Gaussian 효과의 Amount를 조절해서 밝기를 줄여준다. Amount를 0에서 점점 늘려가면 밝은 부분에서 빛이 나는 것 같은 효과가 나타난다. 적당한 지점으로 조절해준다. Gaussian〉 Amount: 20으로 조절해준다.

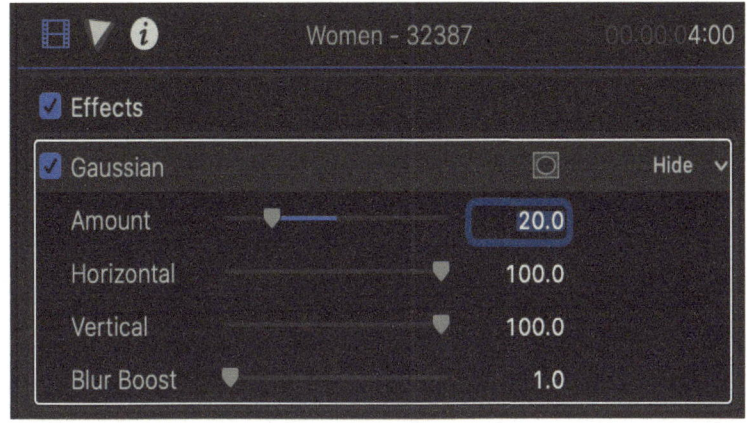

밝기를 조절해주기 위해 Effects〉 Color〉 Color Curves를 두 번째 스토리라인에 있는 Women 클립으로 드래그해서 적용해준다. Video Inspector〉 Coler Curves1의 Switch to color inspector를 클릭한다(Coler Curves1을 더블클릭해도 된다). Coler Curves1의 LUMA에서 중간 지점을 클릭하고 아래로 드래그해서 Viewer 화면의 밝기를 조절한다.

밝기를 더 조절하기 위해 Video Inspector〉 Compositing〉 Opacity 값을 100%에서 50% 정도로 조절해준다. 영상마다 밝기 정도가 다르고 편집자의 판단 기준이 다르므로 적당하다고 하는 정도로 값을 정해주면 된다. 영상을 플레이해보면 원본 영상과 비교하여 밝고 반짝반짝

한 이미지를 확인할 수 있다.

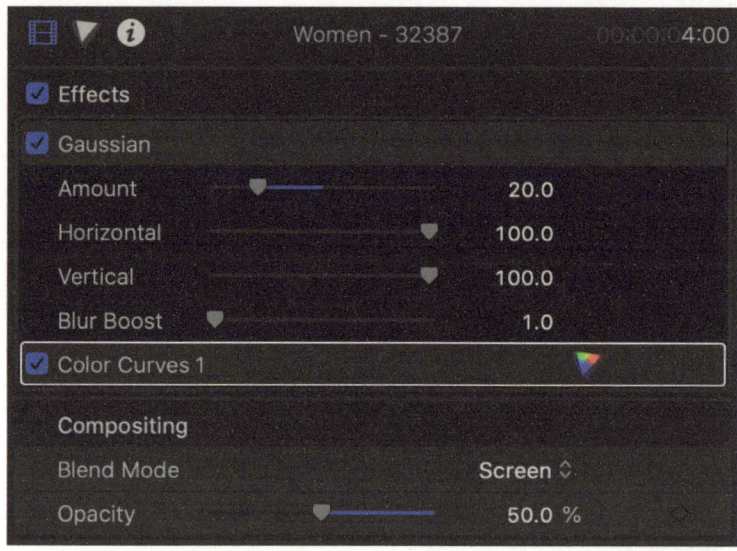

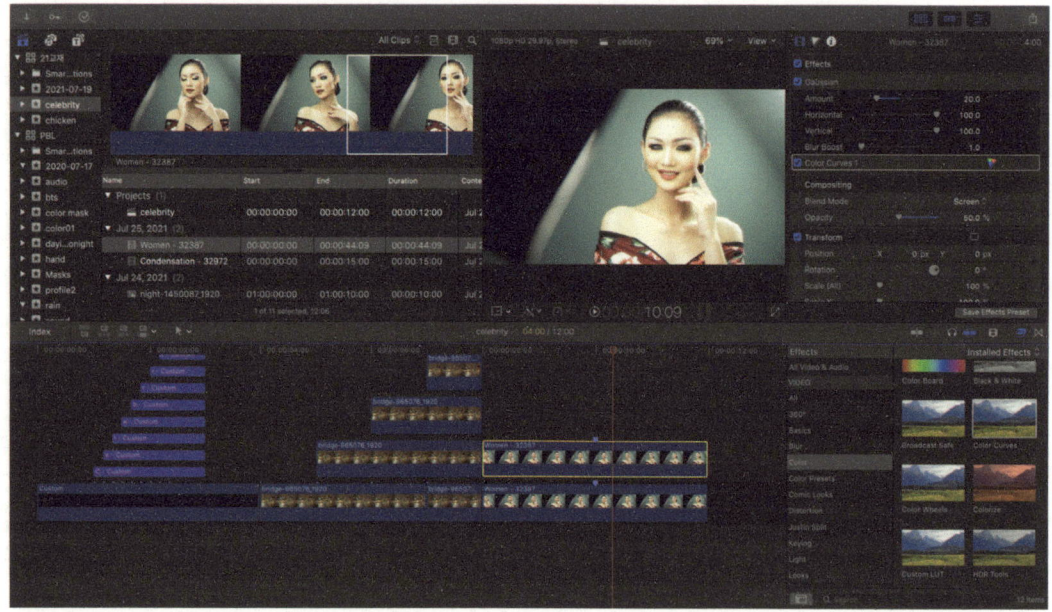

5. J-hope - 치킨 누들 수프(Chicken noodle soup)

1) 뮤직비디오 영상 분석

"Chicken noodle soup"은 텍스트의 활용이 돋보이는 뮤직비디오이다. 영상의 시작 지점에 타이틀과 끝부분에 가수 이름을 재미있게 등장시키고 있다.

(1) 타이틀 안에서 영상 전환
J-hope의 "Chicken noodle soup" 뮤직비디오 영상이 시작되면 아이들이 춤추는 장면이 나온다. 5초 후 주황색 Chicken noodle soup 텍스트가 나타난다. 2초 후 텍스트가 확대되기 시작한다. 5초 동안 텍스트 컬러가 점점 투명해지면서 영상이 나타나고 텍스트가 화면 전체를 차지하며 텍스트 속의 영상으로 장면이 전환된다.

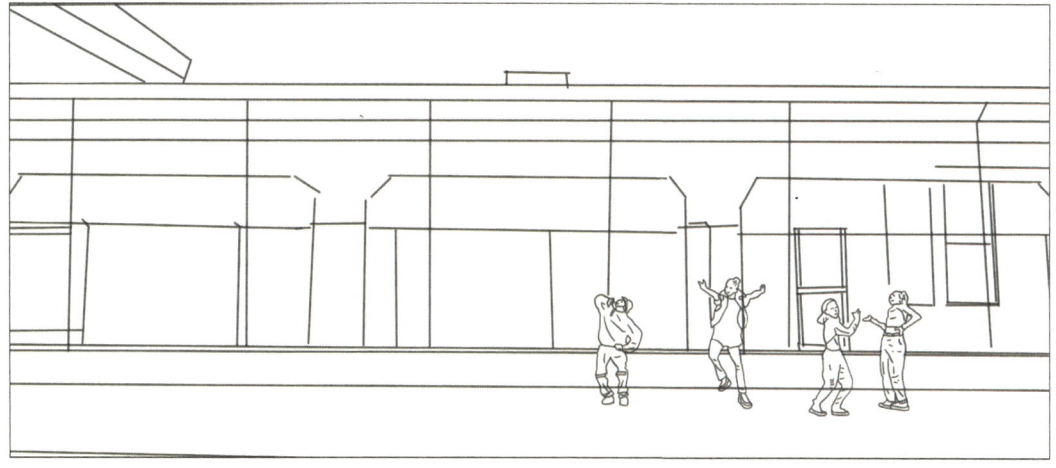

영상이 시작되고 5초 후 "Chicken noodle soup" 텍스트가 나타난다.

텍스트가 확대되면서 투명해지고 텍스트 안에 영상이 보이기 시작한다.

텍스트가 전체 화면으로 확대되면서 텍스트 컬러는 완전히 사라지고 텍스트 안의 영상이 뚜렷해지며 전체 화면으로 바뀐다.

(2) 택시가 지나가며 텍스트 나타나게 하기

뮤직비디오 3:41초에 노란 택시가 왼쪽에서 나타나 오른쪽으로 사라지면서 택시가 지나간 자리에 J-HOPE BECKY G. 텍스트가 차례로 나타난다.

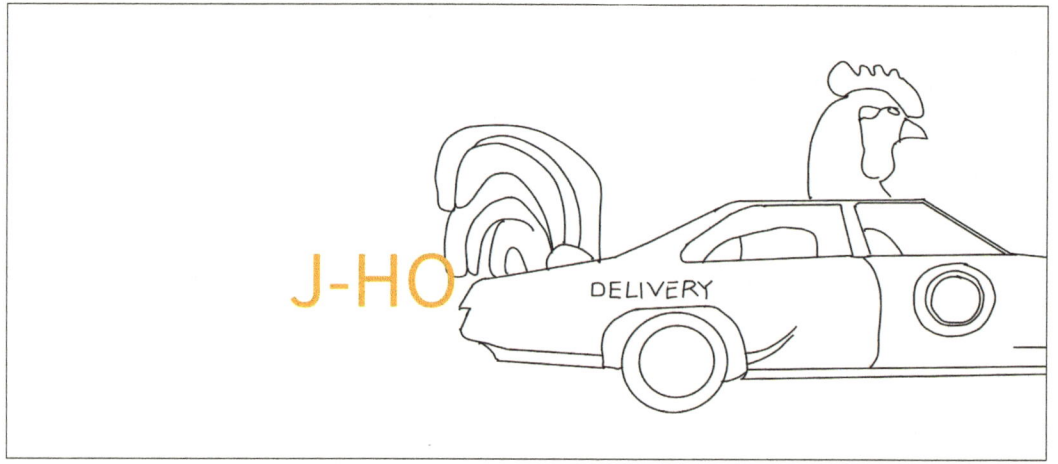

J-HOPE BECKY G.

2) 타이틀 안에서 영상 전환

J-hope의 "Chicken noodle soup" 뮤직비디오 타이틀에 적용된 편집 효과를 만들어보자. 영상이 시작되고 주황색 타이틀이 나타난다. 타이틀이 2초 정도 보이고 점점 확대되면서 색이 투명해지며 영상이 나타난다. 텍스트가 화면 전체로 확대되며 텍스트 속의 영상으로 장면이 전환된다.

File> New> Project에서 새로운 프로젝트 02를 만든다. 무료 다운로드 사이트에서 영상을 다운로드하여 임포트한다(예제로 사용된 파일은 Pixabay.com에서 Dance-4428.mp4, Dance-44070.mp4 파일을 다운로드하여 사용하였다). 02 프로젝트의 프라이머리 스토리라인에 Dance-4428, 두 번째 스토리라인에 Dance-44070을 7초 지점에서 시작되도록 배치한다. Title> Build In/Out> Custom을 선택하고 세 번째 스토리라인 5초 지점에 놓는다. 타이틀이 12초에서 끝나게 길이를 조절한다.

세 번째 스토리라인의 Custom을 선택하고 화면 위 오른쪽의 Show the Text Inspector를 클릭하고 아래와 같이 입력한다.

Text: Chicken noodle soup, Font: Impact, Size: 200

Face〉Color에서 Text의 컬러 주황색을 선택한다.

Custom을 선택하고 플레이헤드를 7초 지점으로 이동하고 Select items 옆의 화살표를 눌러 Blade 툴을 선택한다. Custom 클립의 7초 지점을 클릭해 클립을 자른다. 다시 Select items〉 Select Tool을 선택한다(Blade 툴이 선택한 상태로 작업하면 모든 클립이 잘리기 때문에 Blade 선택 후에는 반드시 Select Tool로 바꾸어야 한다).

Custom을 선택하고 플레이헤드를 7초 지점으로 이동하고 Video Inspector〉 Transform〉 Scale(All): 100 오른쪽의 키프레임을 클릭해서 키프레임을 준다.

플레이헤드를 Custom의 11초 지점으로 이동하고 Video Inspector〉 Transform〉 Scale(All): 8000으로 변경하고 오른쪽의 키프레임을 클릭한다. Chicken noodle soup 텍스트가 5초 지점에서 나타나고 7초부터 커지기 시작해 11초 지점에서 Scale이 8000으로 커진다. 글자가 화면을 완전히 가리도록 위치를 조정해준다(Viewer 창에서 text를 드래그해서 조정해준다). 글자의 컬러가 화면에 가득 차도록 해야 한다.

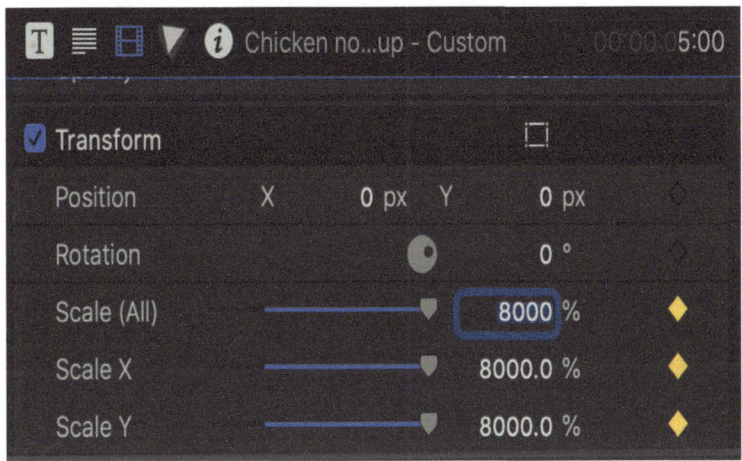

텍스트 컬러가 천천히 투명해지게 하려면 Generators〉 Solids〉 Custom을 드래그해 7초 지점에 타이틀을 입력한 Chicken noodle soup Custom 밑에 놓는다. Solids Custom을 선택하고 Video Inspector〉 Compositing〉 Opacity: 100% 오른쪽의 키프레임을 클릭한다.

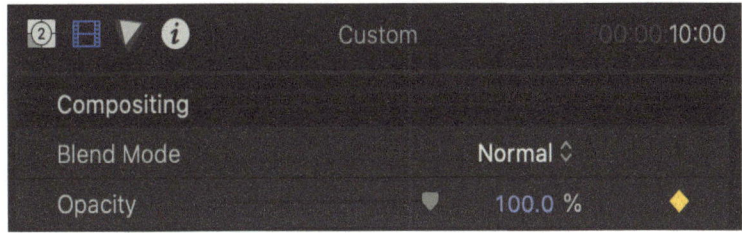

플레이헤드를 11초로 이동하고 Inspector〉 Compositing〉 Opacity: 0%를 입력한다. 오른쪽의 키프레임이 자동으로 생성된다(키프레임이 노란색으로 바뀐다).

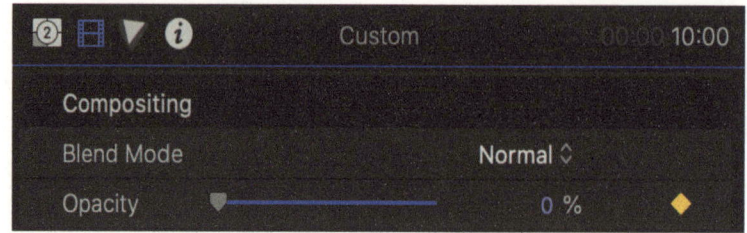

Solids Custom의 색상을 글자색과 같은 주황색으로 한다(Generater Inspector> Color에서 컬러 박스를 더블클릭하면 Colors가 나타난다. 하단의 스포이드 모양을 클릭한 후 Viewer 창의 텍스트의 컬러 부분을 클릭하면 클릭한 부분의 색이 선택된다).

맨 위 타이틀을 입력한 Chicken noodle soup Custom을 선택하고 Video Inspector> Compositing> Blend Mode> Stancil Alpha를 클릭한다. 주황색의 Chicken noodle soup 텍스트가 점점 확대되면서 주황색이 투명해지며 밑의 영상이 나타난다.

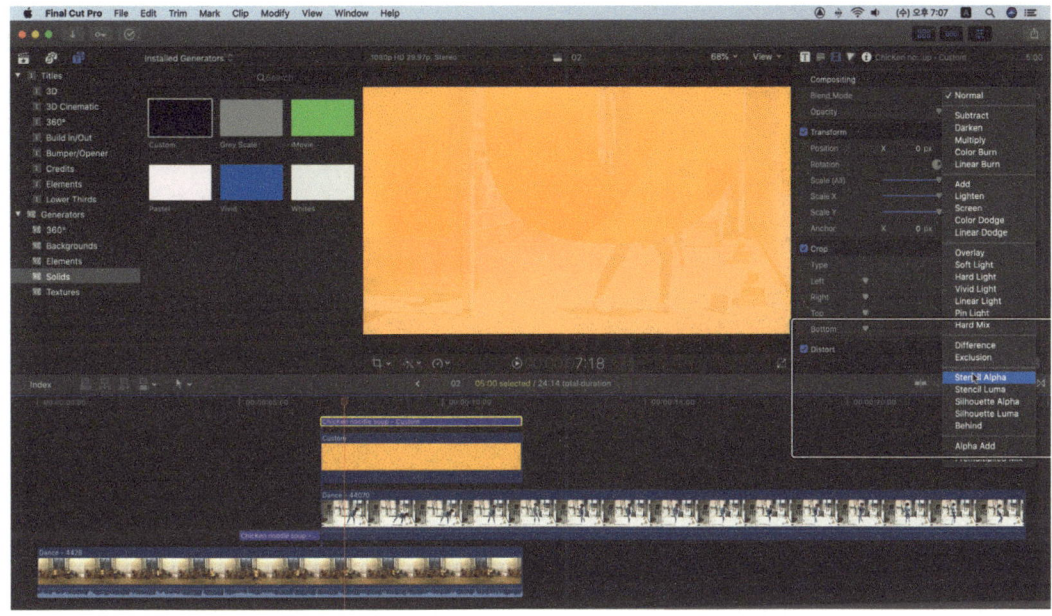

Stancil Alpha를 적용하면서 프라이머리 스토리라인의 Dance-4428 클립이 안 보이기 때문에 위의 클립들을 하나로 묶어줘야 한다. Shift를 누르고 Chicken noodle soup Custom, Solids Custom, Dance-44070을 차례로 클릭해 동시에 선택한 다음 마우스 오른쪽을 눌러 New Compound Clip을 클릭해 Compound Clip을 만든다.

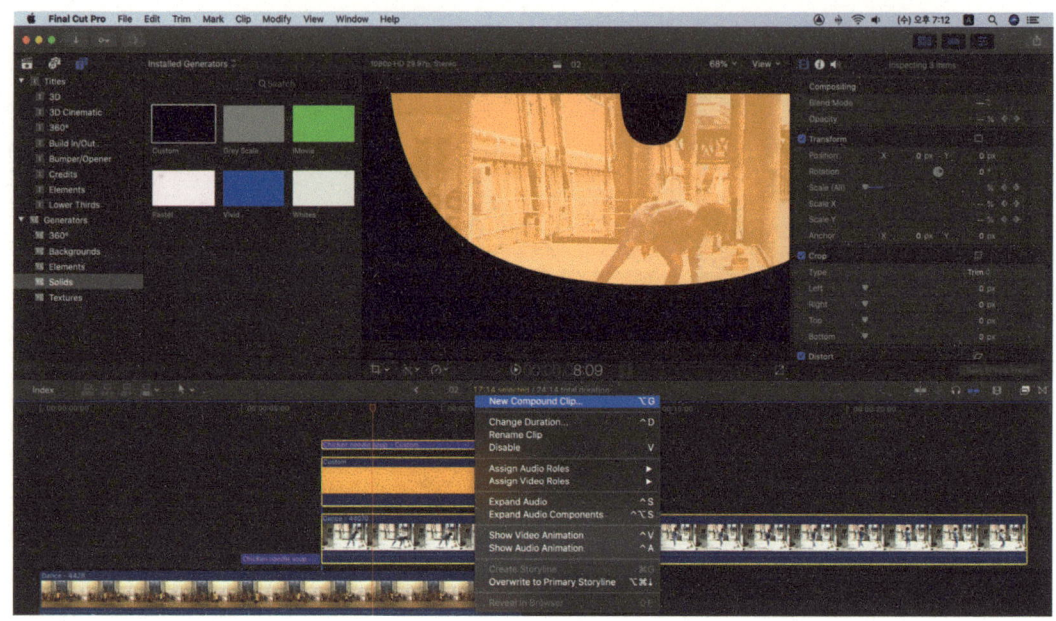

영상을 플레이해보면 Dance-4428 클립이 보이다가 5초 지점에서 주황색 Chicken noodle soup 타이틀이 나타나고 2초 후 텍스트가 커지면서 점차 투명해지며 글자 안의 영상으로 장면이 전환되는 것을 확인할 수 있다.

3) 택시가 지나가며 텍스트 나타나게 하기

뮤직비디오 3:41초에 노란 택시가 왼쪽에서 나타나 오른쪽으로 사라지면서 택시가 지나간 자리에 J-HOPE BECKY G. 텍스트가 차례로 나타난다. 텍스트가 사물이 지나간 자리에 나타나는 영상을 만들어보자. 택시가 지나가는 영상 샘플을 무료 다운로드한다(예제로 사용된 파일은 Pixabay.com에서 Road-77240.mp4 파일을 다운로드하여 사용하였다). 영상을 1080i HD로 import 하였다. 택시가 지나가는 앞부분만 In/Out점을 잡아 타임라인에 배치한다.

텍스트를 입력해보자. 플레이헤드를 택시가 왼쪽에서 나타나 오른쪽으로 이동하여 택시 뒷부분이 다 나타나는 지점에 놓는다. Title〉 Build In/Out〉 Custom을 타임라인에 배치한다. 텍스트의 끝을 영상의 끝에 맞춘다. Title을 선택하고 Text에 "J-HOPE BECKY G."를 입력한다. Font와 Size를 아래와 같이 지정한다.
Font: Korataki, Size: 70, Scale〉 Y: 150%, Face〉 Color: 주황색

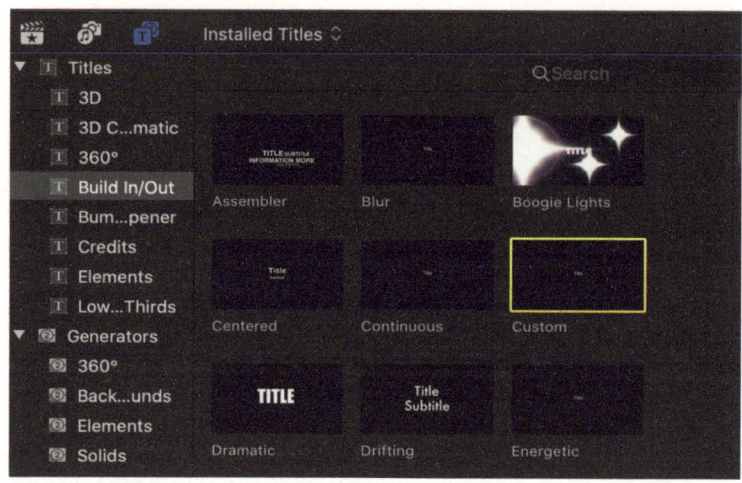

택시가 지나가며 글자가 보이도록 택시의 위치에 맞추어 중앙에 배치한다. Road 클립을 선택한 후 option을 누르고 드래그하여 세 번째 스토리라인에 클립을 복사한다.

세 번째 스토리라인에 있는 Road 클립을 선택하고 Video Inspector〉 Compositing〉 Opacity: 60%로 하여 밑에 텍스트가 보이게 한다.

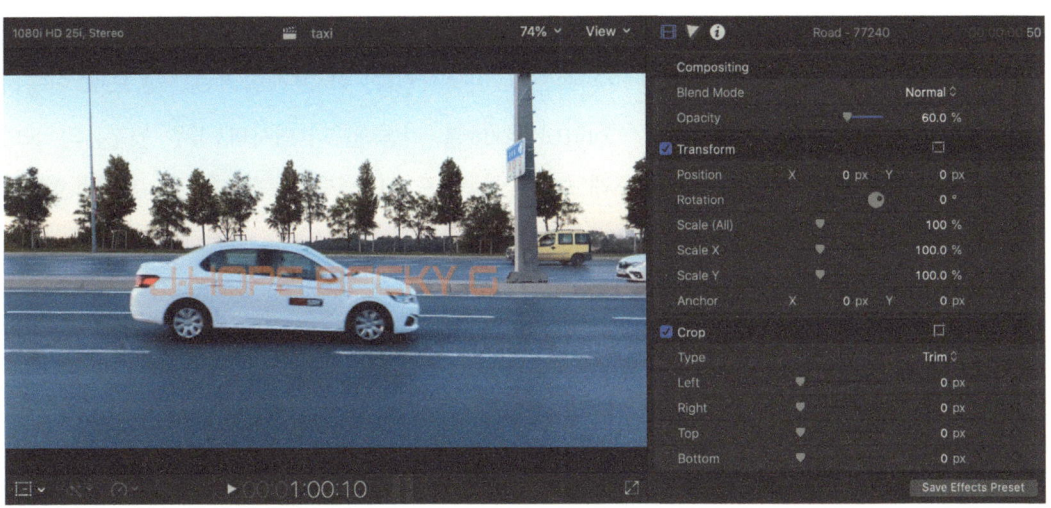

Effects〉 Mask〉 Draw Mask를 맨 위의 Road 클립에 적용한다.

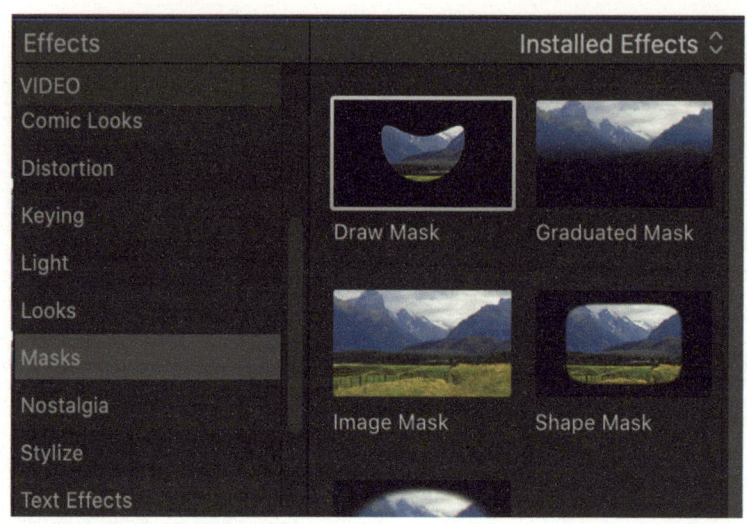

Draw Mask를 적용하고 Video Inspector〉 Draw Mask〉 Transform〉 Position에서 오른쪽 다이아몬드 모양을 클릭하여 키프레임을 준다. 그 밑에 Control Point에도 키프레임을 준다. Position은 Mask의 위치를 변경하기 위해서 키프레임을 주고 Control Point는 Point를 추가하거나 제거하기 위해서이다.

Draw Mask를 적용하면 Viewer 창에 Click to Add a Control Point 메시지가 나타나고 마우스의 모양이 펜툴 모양으로 바뀐다. 펜툴로 택시의 왼쪽 부분을 섬세하게 따준다. 키보드의 오른쪽 화살표를 눌러 한 프레임 오른쪽으로 이동시킨다. 한 프레임씩 오른쪽으로 이동하며 택시의 움직임을 따라서 펜툴로 Control Point를 이동해준다(택시의 경우 뒷부분의 모양 변화가 없으므로 펜툴로 따준 부분을 드래그해서 이동해도 된다. 텍스트가 나오는 부분만 정확하게 나타나도록 펜툴로 따주면 된다).

텍스트가 자연스럽게 나타나는지 확인하고 맨 위 Road 클립의 Video Inspector〉 Compositing〉 Opacity : 100%로 바꾸어준다. 펜툴로 작업할 때 두 번째 스토리라인의 Text

가 보이도록 Opacity값을 낮추었던 것이기 때문에 작업을 완료한 후에 다시 Opacity를 100%로 바꿔주는 것이다. Draw Mask의 Feather 값을 10 정도로 조절하여 팬툴로 그려준 택시의 경계를 부드럽게 해준다. Draw Mask의 Feather 값은 Viewer 창을 보며 자연스럽게 조절해주면 된다.

6. 싹쓰리(Ssak3) - 다시 여름 바닷가(Beach Again)

1) 뮤직비디오 영상 분석

(1) 색 보정으로 복고풍 영상 효과 만들기

"다시 여름 바닷가" 뮤직비디오가 시작되면 바닷가에 혼자 앉아 있는 사람의 모습이 보인다. 전체적으로 바닷가의 시원함을 연상시키는 푸른빛과 은은한 빛이 영상에서 표현되고 있다.

(2) 피부 보정 효과

카메라에 담긴 인물의 피부 상태가 좋지 않을 때 피부 보정을 할 수 있다. 촬영 전에 분장 및 화장하고 카메라 설정값을 조정하고, 촬영 시 조명 등을 적절히 활용하면 피부 상태를 좋게 표현할 수 있다. 하지만 촬영 후 인물의 피부 표현이 좋지 않다면 편집 과정에서 피부를 보정할 수 있다. 뮤직비디오 전반에 인물들의 피부가 좋게 나타나는 것은 후반 작업에서 피부 보정을 한 것으로 보인다.

2) 복고풍 영상 만들기

"다시 여름 바닷가" 뮤직비디오가 시작되고 바닷가에 혼자 앉아 있는 여자의 모습이 보인다. 배경 하늘과 인물이 전체적으로 푸른빛을 띠고, 얼굴과 분위기가 몽환적인 느낌의 복고풍 이미지 효과가 적용되어 있다. 이 뮤직비디오에 적용된 복고풍 영상 효과를 만들어보자.

File> New> Event를 눌러 새로운 이벤트를 만든다. 이벤트 Name을 "ssagsseuli"로 한다. File> New> Project에서 새로운 프로젝트를 만든다. 프로젝트 이름은 "retro"로 한다. 무료 다운로드 사이트에서 영상을 다운로드하여 임포트한다(예제로 사용된 파일은 Pixabay.com에서 Woman-85212.mp4 파일을 다운로드하여 사용하였다). 프로젝트 타임라인에 Woman 클립을 배치한다. 클립의 길이를 3초로 조절한다.

뿌연 느낌을 주기 위해 Blur를 적용하자. Effects> Blur> Gaussian을 드래그해서 적용한다. Video Inspector> Gaussian> Amount: 4를 입력하여 Blur 값을 낮춰준다. Viewer 창에서 Blur 정도를 확인하며 조정해준다.

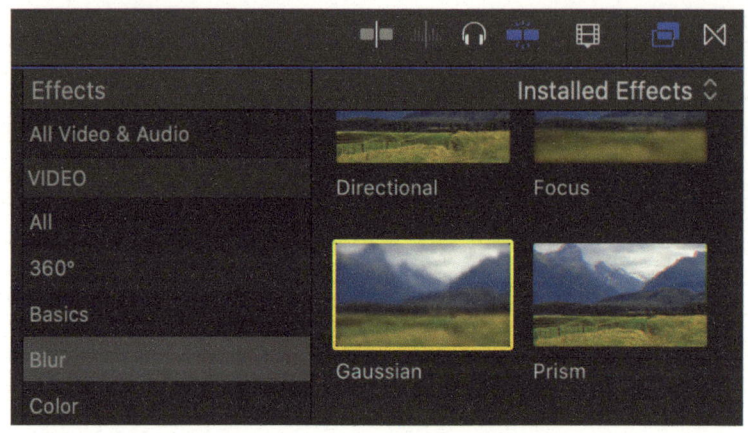

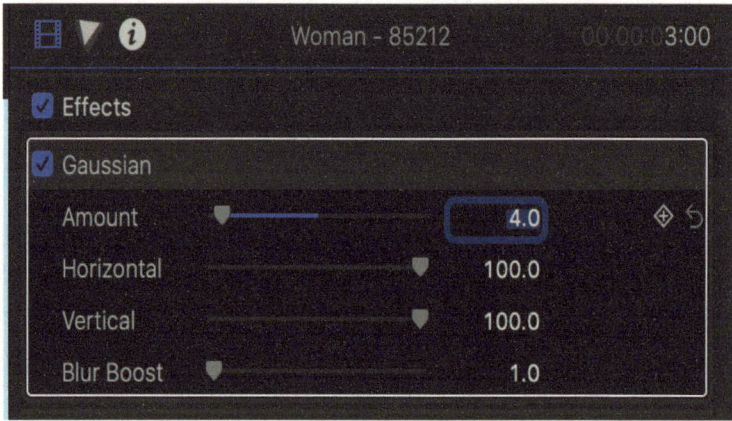

전제적으로 블루톤을 만들기 위해 Color Inspector〉Hue/Saturation Curves를 선택한다.

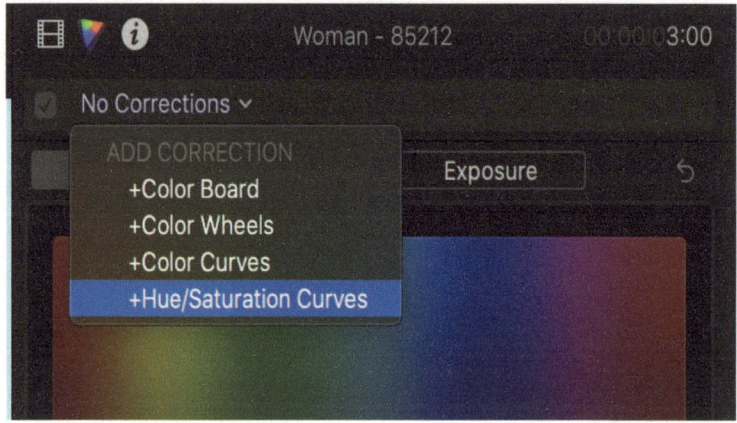

하늘을 더욱 파란색으로 만들기 위해 Color Inspector〉 Hue/Saturation Curves1에서 HUE vs HUE 오른쪽 스포이드 모양을 클릭하고(스포이드가 파란색으로 바뀐다) Viewer 창에서 하늘을 클릭한다. HUE vs HUE에 세 개의 포인트가 나타난다. 가운데 포인트를 위로 올려 하늘색이 좀 더 푸른색이 되도록 조절한다(샘플 영상의 컬러에 따라 조절해주면 된다. 뮤직비디오와 똑같은 컬러가 아니어도 이후 작업을 통해 수정되므로 최대한 비슷하게 맞추면 된다).

하늘의 채도를 높여주기 위해 Color Inspector〉 Hue/Saturation Curves1에서 HUE vs SAT 오른쪽 스포이드를 클릭하고 Viewer 창에서 하늘을 클릭한다. 가운데 포인트를 위로 조절해 채도를 높여준다.

이번에는 Color Inspector〉 Color Board를 추가해준다. Color Board1에서 Exposure를 선택하고 Shadows 값을 낮추고, Midtons을 높이고, Highlights를 낮춘다. 몽환적인 느낌을 만들 수 있다.

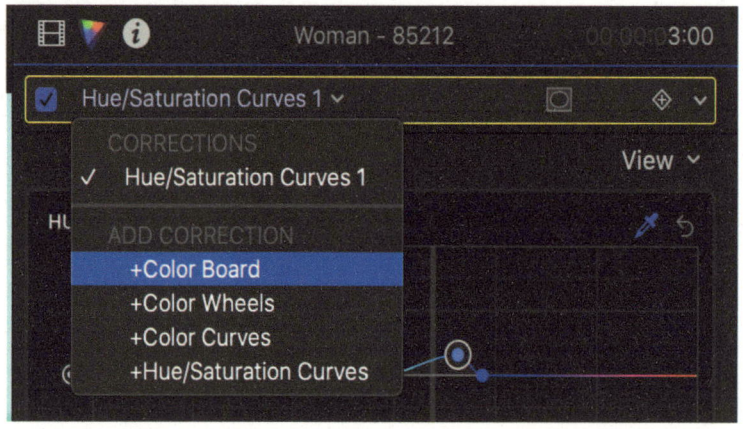

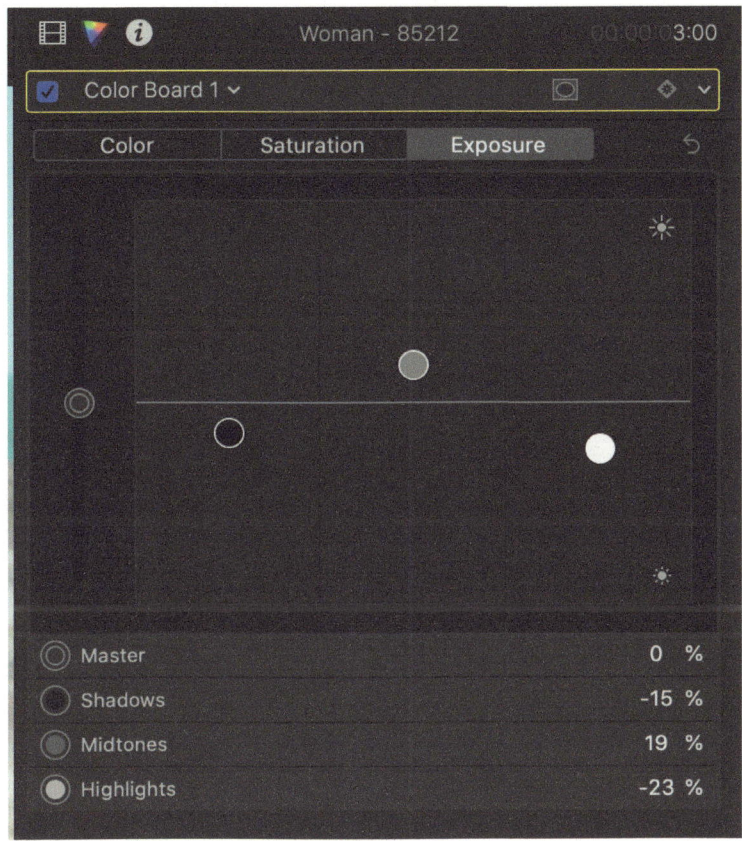

Color Board1〉 Saturation에서 Shadows, Midtons, Highlights를 조금씩 높여준다. 예제에서 Shadows, Midtons, Highlights에 적용한 숫자보다는 Viewer 창을 확인하며 조절하는 것이 좋다. 다른 예제를 사용하거나 같은 예제라 해도 In/Out지점에 따라 컬러 표현이 달라지기 때문이다.

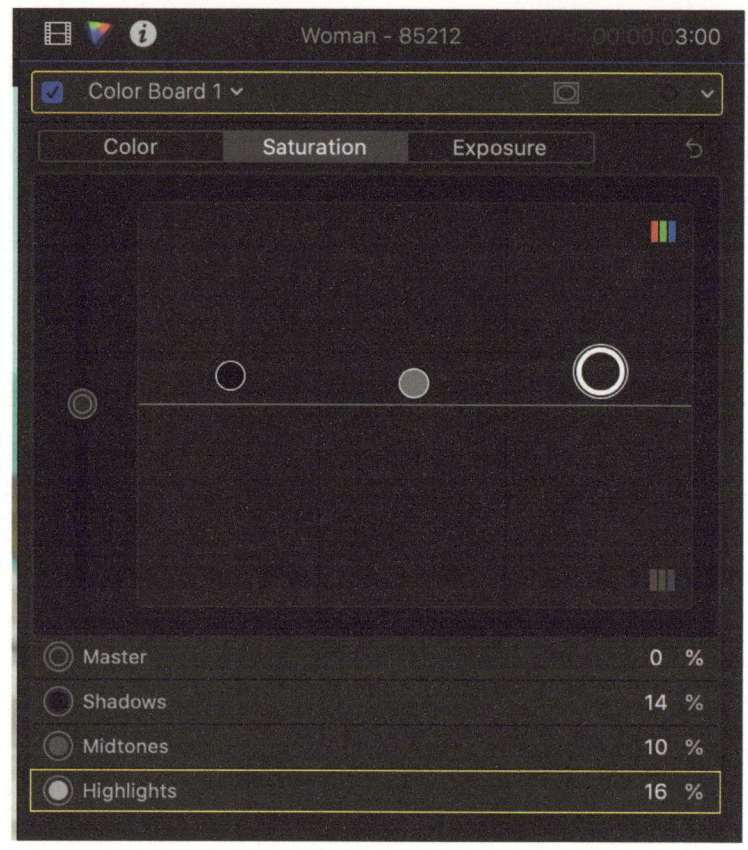

이번에는 Color Inspector〉 Color Curves를 추가해준다.

Color Inspector〉 Color Curves1〉 RED에서 하이라이트 부분은 낮추고, BLUE의 하이라이

트는 높여서 컬러를 조정한다. Viewer 창을 보면서 포인트를 조절하면 된다.

"다시 여름 바닷가" 인트로 부분처럼 후광 효과를 만들기 위해 Effects〉Light〉Glow를 드래그해서 적용한다. Video Inspector〉Glow〉Amount: 20을 입력한다. 영상 소스에 따라 적절하게 조절하면 된다. 영상이 미묘하게 화사해진 것을 확인할 수 있다.

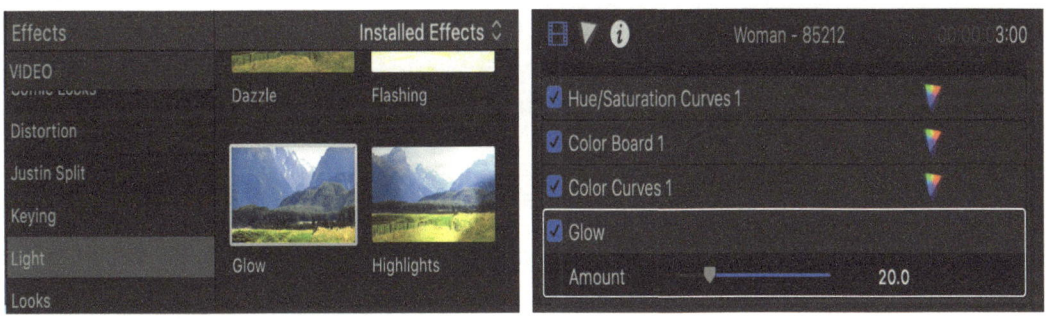

Viewer 창을 확인하면서 각각의 Effect를 조절하면 된다. Viewer 창 오른쪽 위에 View 옆의 화살표를 클릭하면 하위 메뉴가 나타난다. 하위 메뉴에서 Video Scopes를 클릭해보자. Video Scopes를 클릭하면 Viewer 창 왼쪽으로 새로운 View 창이 나타난다.

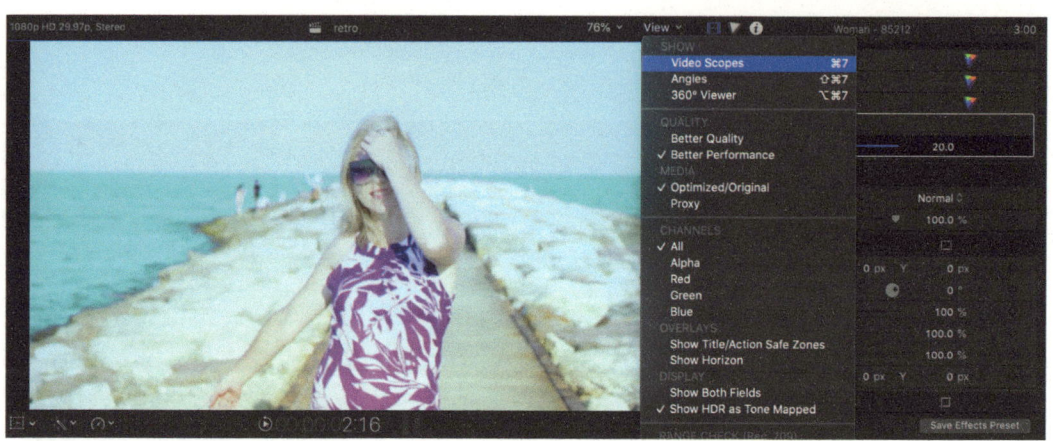

새로운 View 오른쪽 Scope 아이콘을 클릭하면 Luma, RGB Parade 등의 정보를 Histogram, Waveform 등의 형태로 확인할 수 있다. 다른 영상과 유사한 컬러로 색보정을 하고 싶다면 Luma, RGB Parade 등의 정보를 확인하고 그 값을 비슷하게 만들면 비슷한 컬러를 구현할 수 있다.

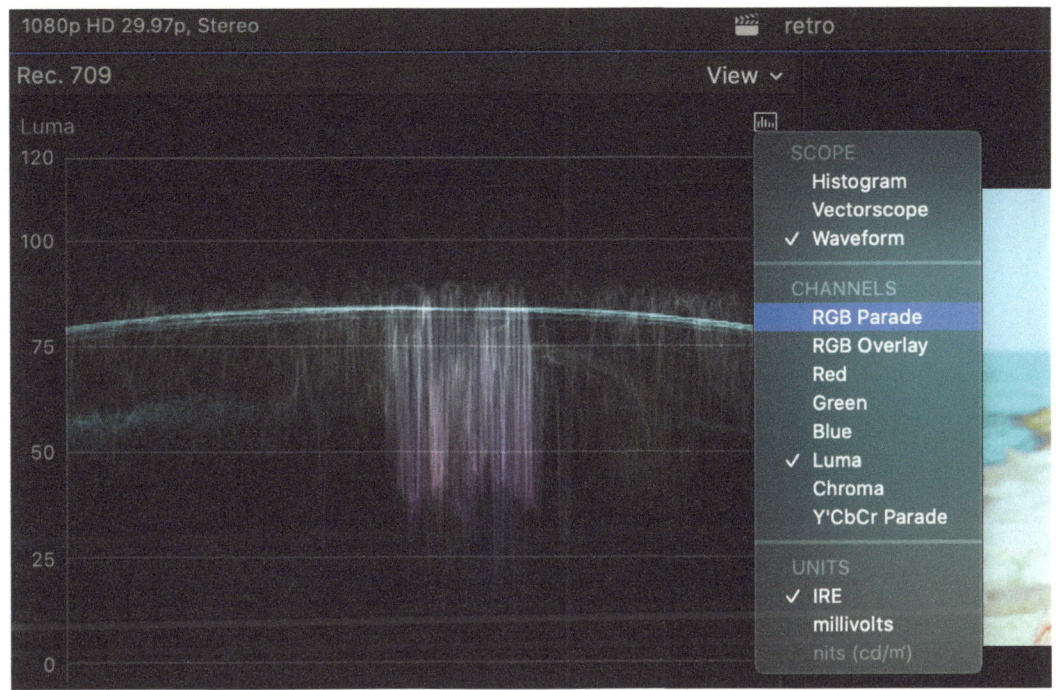
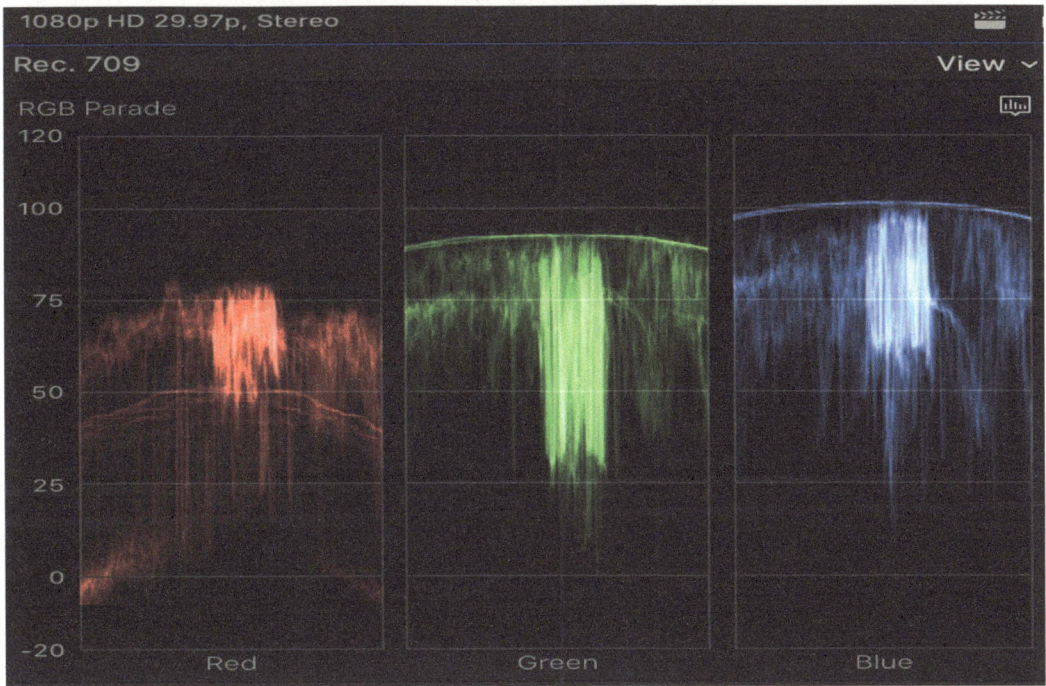

싹쓰리(Ssak3) - 다시 여름 바닷가(Beach Again)

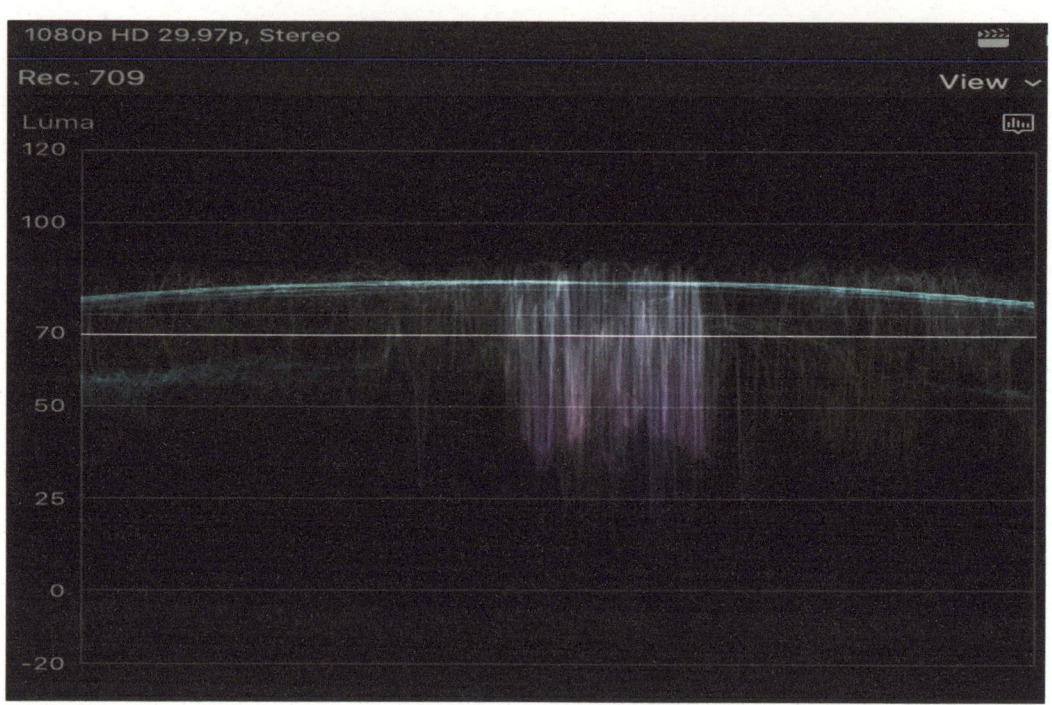

"다시 여름 바닷가" 시작 부분의 RGB와 Luma의 컬러 정보를 확인해보고 예제의 컬러 정보를 확인하면서 비슷한 컬러가 구현되도록 값을 맞춰주면 된다.

3) 피부 보정 효과

피부 보정을 하기 위해 File〉 New〉 Project에서 새로운 프로젝트 "skin"을 만든다. 무료 다운로드 사이트에서 영상을 다운로드하여 임포트한다(예제로 사용된 파일은 Pixabay.com에서 Woman-85212.mp4 파일을 다운로드하여 사용하였다). 앞에서 사용한 예제와 같은 파일이다. 프로젝트의 타임라인에 Woman 클립을 배치한다. 얼굴이 클로즈업되는 뒷부분을 선택해서 2초로 만든다. option을 누르고 위로 드래그해서 파일을 복사한다. 복사된 클립을 선택하고 오른쪽 마우스를 눌러 Rename Clip을 선택한다. Name을 Woman2로 바꿔준다.

Effects〉 Keying〉 Keyer를 드래그해서 Woman2에 적용한다. Video Inspector〉 Keyer〉 Sample Color를 클릭하고 Viewer 창에서 보정하고 싶은 피부 영역을 드래그한다.

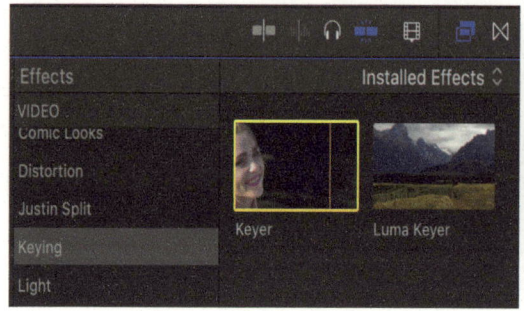 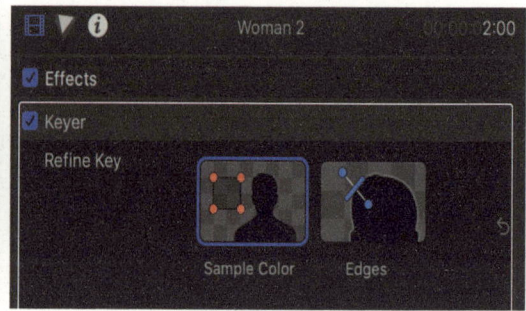

Keyer는 선택한 컬러를 빼주는 효과인데 같은 클립이 두 개 있어서 선택 부분을 확인할 수 없다. 밑에 Woman 클립을 선택하고 키보드의 V를 눌러 안 보이게(비활성화) 한다(다시 V를 누르면 보이게 된다. 활성화/비활성화). 선택한 컬러가 있는 부분이 검게 나타난다. 검게 나타난 부분이 컬러가 빠진 부분이다. Video Inspector〉 Keyer에서 Strength, Spill Level 등을 조절하여 입술과 눈이 포함되지 않도록 한다. Video Inspector〉 Keyer〉 Refine Key를 클릭하면 선택 영역이 더해진다. Shift를 누르고 선택 영역을 클릭해도 선택 영역이 더해진다. option을 누르고 선택 영역을 클릭하면 선택 영역이 감소한다.

밑에 Woman 클립을 선택하고 V를 눌러 활성화한다. Effects〉 Blur〉 Gaussian을 선택해서 드래그하여 Woman 클립에 적용한다.

Viewer 창을 보면서 Video Inspector〉 Gaussian〉 Amount 값을 조절한다. 여기서는 Amount: 4, Blur Boost: 4를 입력하였다. 값을 조절하여 피부의 주름이 자연스럽게 가려지도록 조절한다.

피부톤 보정을 다른 방법으로 해보자. 지금까지 작업했던 프로젝트의 프라이머리 스토리라인의 맨 끝에 다시 한 번 Woman 클립을 배치한다. 1초 길이로 줄인다. 맨 끝의 Woman 클립을 선택하고 Effects〉 Blur〉 Gaussian을 드래그하여 Woman 클립에 적용한다. Video Inspector〉 Gaussian〉 Amount: 3을 입력한다. Video Inspector의 Gaussian 오른쪽에 Color Mask를 적용할 수 있는 아이콘이 있다. Color Mask를 클릭하고, Add Color Mask를 선택한다.

Video Inspector에 Color Mask가 생겼다. 마우스를 Viewer 창으로 가져가서 스포이드 모양의 마우스로 얼굴 부분을 드래그한다. 어느 정도 선택되었는지 확인하기 위해서 Gaussian 옆의 View Masks를 클릭한다. 선택한 컬러가 하얀색으로 보인다. 더 선택하고 싶으면 Shift를 누르고 드래그하면 된다. Color Mask〉 Softness를 조절해서 부드럽게 만들어준다(원래의 상태로 돌아가려면 View Masks를 클릭해준다).

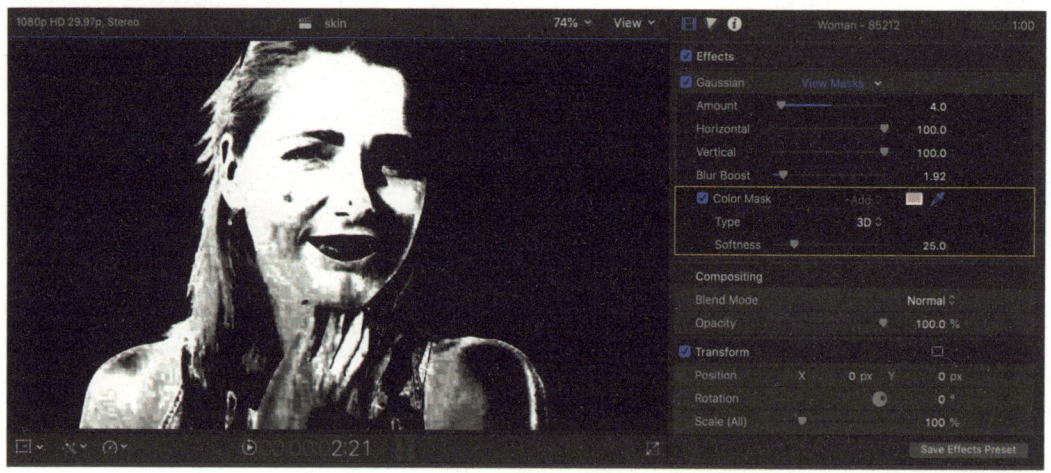

Color Mask를 조절한 후에 Gaussian의 Amount와 Blur Booster를 조절해서 자연스럽게 피부톤을 보정한다.

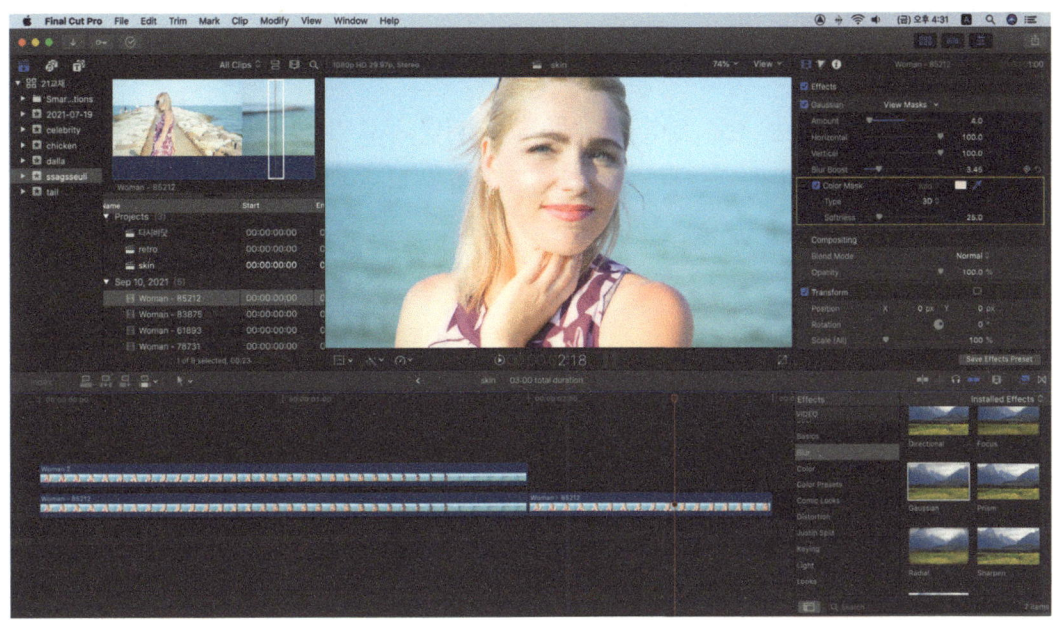

두 번째 과정이 더 간편하게 작업할 수 있다. 하지만 작업 과정의 편리함보다 작업 결과의 만족도가 중요하다. 과정이 복잡하더라도 결과가 더 만족스럽다면 복잡한 과정을 선택할 수밖에 없다. 또한 피부 보정 외에 전체적인 컬러 보정을 해야 할 경우 Gaussian을 이용한 작업은 별도의 작업이 필요하거나 만족스러운 결과를 만들기 어렵다.

◆ 무료 영상 다운로드하는 곳

이 책에서 사용된 예제는 창문 영상을 제외하고 인터넷 무료 영상 자료를 사용하였다. 예제를 따라 하기 쉽게 저작권을 침해하지 않고 영상편집을 하는 데 필요한 영상을 무료로 다운로드하여 사용할 수 있는 웹사이트를 이용하였다.

(1) Pixabay.com
무료로 동영상을 다운로드할 수 있는 사이트이다. 영상을 사용하기 위해서는 저작권 관련 사항이 매우 중요하다. Pixabay는 무료로 사용할 수 있는 영상이 많으며 상업적 또는 비상업적 사용이 가능하고 저작자 표시를 하지 않아도 사용이 가능한 영상을 무료로 다운로드할 수 있다. 물론 원하는 영상이 무료가 아닌 경우에는 유료로 영상을 이용하여야 한다. 비교적 무료로 사용할 수 있는 영상이 많다. 또한 검색기능이 있어 원하는 영상을 쉽게 검색하여 사용할 수 있고 영상의 품질도 비교적 좋은 편이다.

(2) video.pexels.com
이곳 역시 상업적 비상업적 이용이 가능하고 저작자 표시를 하지 않아도 사용이 가능한 영상을 무료로 다운로드할 수 있다. Pixabay와 병행해서 사용하면 원하는 영상을 찾기가 더 쉽다. 검색기능을 사용할 수 있다.

(3) coverr.co
이곳 역시 상업적 비상업적 이용이 가능하고 저작자 표시를 하지 않아도 사용이 가능한 영상을 무료로 다운로드할 수 있다. 영상의 품질은 다소 떨어진다.

(4) videezy.com
이곳은 상업적 비상업적 이용은 가능하지만 저작자 표시를 반드시 하게 되어 있다. 영상의 품질이 다소 떨어진다.

(5) lifeofvids.com
상업적 비상업적 이용이 가능하고 저작자 표시를 하지 않아도 사용이 가능한 영상을 무료로 다운로드할 수 있다. 다른 사이트에 비해 검색 속도도 느리고 콘텐츠도 많지 않다. 하지만 다른 사이트에서 원하는 영상을 찾지 못했다면 이 사이트를 활용해볼 수 있다.

◆ 참고 문헌 및 웹사이트

참고 문헌

- 남시언, 「파이널 컷 프로 X로 시작하는 유튜브 동영상편집, 비제이퍼블릭」, 2020
- 이용태, 「파이널 컷 프로 X 10.33 /파이널 컷 프로 실무 가이드북」, 힐북, 2017
- 정영헌, 「FinalCut Pro X 마스터하기」, 2017
- 이현석 김병국 방은주 저, 「디자이너's 실무영상편집」, 길벗, 2015
- 이현석, 「프리미어프로로 배우는 베스트 영상편집」, 길벗, 2009
- 김광섭, 「드론 촬영실습」, 학연사, 2018
- 유승식, 「영상편집 일반론」, 구민미디어, 2009
- 박원주, 「영상색보정 실무테크닉」, 성안당, 2010
- 신의철, 「좋아 보이는 것들의 비밀, 모션그래픽」, 길벗, 2013
- 마이클 레비거 지음 홍형숙 조재홍 역, 「다큐멘터리 만들기」, 비즈앤비즈, 2009
- 리처드 페퍼먼 지음 선우윤학 역, 「영화편집, 눈보다 빠른 것은 없다」, 커뮤니케이션북스, 2012

YouTube

- 비 - 깡 Official M/V
- 선미-꼬리 뮤직비디오
- ITZY - 달라달라 M/V
- IU - Celebrity
- J-hope - Chicken Noodle Soup(feat. Becky G) MV
- 싹쓰리 - 다시 여름 바닷가 Official M/V
- 남시언콘텐츠랩
- 단호근danhokeun
- BROKEN visual
- 김비디오KVID
- 조블리 영상편집
- Justin Creative Film
- kimsamfilm
- 빠르크의 3분 강좌 Park Pictures
- 프로에펙러

- 하이비드
- 행복한 배짱이

Website

- https://pixabay.com
- https://video.pexels.com
- https://coverr.co
- https://videezy.com
- https://lifeofvids.com
- https://blog.naver.com/danhokeun